Como educar
sem usar a violência

Dados Internacionais de Catalogação na Publicação (CIP)
(Câmara Brasileira do Livro, SP, Brasil)

Lorch, Dora
Como educar sem usar a violência / Dora Lorch. São Paulo: Summus, 2007.

Bibliografia
ISBN 978-85-323-0272-4

1. Disciplina infantil 2. Educação de crianças 3. Educação doméstica 4. Pais e filhos 5. Psicologia educacional 6. Punição corporal 7. Violência familiar I. Título.

07-7001   CDD-646.78

Índice para catálogo sistemático:

1. Punição corporal: Pais e filhos: Vida familiar : Educação doméstica   646.78

Compre em lugar de fotocopiar.
Cada real que você dá por um livro recompensa seus autores
e os convida a produzir mais sobre o tema;
incentiva seus editores a encomendar, traduzir e publicar
outras obras sobre o assunto;
e paga aos livreiros por estocar e levar até você livros
para a sua informação e o seu entretenimento.
Cada real que você dá pela fotocópia não autorizada de um livro
financia o crime
e ajuda a matar a produção intelectual de seu país.

Dora Lorch

Como educar
sem usar a violência

summus editorial

COMO EDUCAR SEM USAR A VIOLÊNCIA
Copyright © 2007 by Dora Lorch
Direitos desta edição reservados por Summus Editorial

Editora executiva: **Soraia Bini Cury**
Assistentes editoriais: **Bibiana Leme e Martha Lopes**
Capa: **Gabrielly Silva**
Projeto gráfico: **Raquel Coelho/Casa de Idéias**
Diagramação: **Raquel Coelho/Casa de Idéias**

Summus Editorial
Departamento editorial:
Rua Itapicuru, 613 – 7º andar
05006-000 – São Paulo – SP
Fone: (11) 3872-3322
Fax: (11) 3872-7476
http://www.summus.com.br
e-mail: summus@summus.com.br

Atendimento ao consumidor:
Summus Editorial
Fone: (11) 3865-9890

Vendas por atacado:
Fone: (11) 3873-8638
Fax: (11) 3873-7085
e-mail: vendas@summus.com.br

Impresso no Brasil

Agradecimentos

À minha grande família:
pais, avós, tios, primos.

À família do meu marido,
agora minha.

Às irmãs de sangue e de vida,
que me apoiaram sempre
e quando mais precisei.

À minha pequena família:
Odimar, Larissa, Esther, Nikolai,
pelo amor, pela força,
todos os meus motivos.

Aos meus pacientes,
tão queridos.

Sumário

Prefácio 9
Introdução 11

A difícil arte de colocar limites 15
Birras e medos 47
Mentiras, enganos e fantasias 67
Vergonha e hiperatividade 85
Brincar 99
Inconsciente 117
    Fase oral 118
    Fase anal 124
    Fase fálica 125
Entre o sentimento e a doença 129
Com o erro também se aprende 137

Anexos 149
    A adaptação da criança à escola – e vice-versa ... 149
    O passo-a-passo da anamnese 154

Referências bibliográficas 163

Prefácio

Este é um livro para pais e educadores que lidam diretamente com criança; seus exemplos são concretos e a linguagem é direta e simples.

Dora Lorch, psicóloga de formação, tem uma grande experiência em psicologia clínica educacional e na área psicossomática.

O presente trabalho enfatiza a importância dos limites para a criança e como estabelecer isso sem violência física ou verbal.

O aspecto inovador deste livro é que a autora focaliza o tema "limites" sob um ponto de vista original: não adianta o adulto pretender educar a criança se ele mesmo não lida bem com suas limitações.

De nada vale apresentar as regras para seus filhos, explicar as causas e as conseqüências, se você mesmo, como adulto, diz uma coisa e faz outra. A criança percebe de imediato a dicotomia entre a palavra e a atitude.

Dora Lorch também aponta a importância da "contenção" por parte dos pais e dos educadores. Conter não é repreender, mas sim esclarecer por meio de linguagem simples e exemplos concretos.

Nesse sentido, o livro apresenta uma série de situações que certamente muitos pais experimentam com seus filhos no cotidiano.

Educar é difícil, é algo para ser feito em tempo integral e, por isso, mais do que fórmulas prontas, é importante cultivar princípios norteadores.

O perigo dos castigos físicos é criar pessoas submissas e rancorosas, que se tornarão adultos dissimulados e agressivos.

Por outro lado, o "deixar fazer" gera indivíduos egocêntricos e sem a mínima noção de respeito pelo outro e pela vida em sociedade.

Assim, a autora nos mostra que a noção de limite depende de uma determinação interna tanto por parte da criança como do adulto. A maneira como este age no dia-a-dia educa muito mais do que um discurso repetitivo.

Outro aspecto relevante deste livro é que sua linguagem é acessível, fugindo dos jargões acadêmicos. Ao mesmo tempo, o texto é ancorado em sólida teoria: as idéias de Piaget, Freud e Winnicott sobre o desenvolvimento da linguagem, do jogo e da sexualidade nos primeiros anos da vida da criança.

Há também uma dimensão maior, que Dora estabelece como fio norteador. Ela analisa o comportamento da família sem esquecer que esta se vincula a uma situação mais ampla: a sociedade com seus padrões éticos e muitas vezes divergentes.

Daí, a importância dos fortes vínculos emocionais entre os membros de uma família. O modo como somos educados em casa nos prepara para enfrentar "o mundo lá fora". Este eixo norteador é que possibilita ao indivíduo se adaptar ao meio social, mas sem perder a autonomia da sua subjetividade.

Pessoas que se enquadram cegamente no coletivo anulam-se como sujeitos. Portanto, o papel educacional da família e da escola, além da transmissão do conhecimento, é a construção de uma consciência autônoma. É esta que leva à verdadeira emancipação: a liberdade para escolher e ser responsável pelas conseqüências de suas escolhas.

Ruth Rocha

Introdução

Minha formação não tem nada que ver com violência. Apesar de ter feito psicologia no período da ditadura e, em conseqüência, enfrentado a censura e brigado pelos direitos mais básicos (como o de poder dizer o que pensava), apesar de ter tido de sair correndo tantas vezes por causa de ameaças de bomba, estudar a violência não estava em meus planos. Na verdade, queria distância dessa realidade. Então, formei-me em psicologia clínica educacional e especializei-me em psicossomática. Pela via da psicossomática, passei a trabalhar com dentistas e a atuar com odontopediatras.

Até que, durante uma pesquisa sobre medo de anestesia, deparei com a famosa "técnica de contenção", que consiste em abrir à força a boca de uma criança resistente ao tratamento odontológico. O método resume-se em tapar com uma gaze seu nariz para obrigá-la a abrir a boca. Claro que a criança reage e tenta tirar a mão do dentista, o que o obriga a segurar as mãos dela. Impossibilitada de agir com as mãos, a criança tenta tirar o adulto com as pernas e os pés, o que faz que tenha de ser completamente imobilizada. Depois dessa briga, alguém consegue seguir com o tratamento? Claro que não.

O interessante é que os psicólogos que faziam parte da equipe, assim como qualquer outra pessoa com quem eu conversasse a respeito, enxergavam o absurdo da agressão, mas os dentistas não. Por quê? Como fazê-los entender que estavam praticando uma violência? Na semana seguinte, levei o relato da experiência para os dentistas lerem e percebi sua indignação. Os próprios protagonistas não percebiam o que faziam. Se aquela não fosse uma pesquisa científica, eles não acreditariam nela.

Motivada pela curiosidade acerca do porquê dessa situação, bem como por especulações a respeito de qual seria a melhor maneira de mostrar para os dentistas o absurdo de tais atitudes, criei o curso de psicologia para odontopediatras. Também minha dissertação de mestrado, cujo tema foi a birra, teve origem nessas considerações (seu conteúdo embasa o capítulo 2 deste livro). Devido a essa pesquisa, ouvi muitos casos de agressão cometida por médicos e dentistas em crianças e adultos, e percebi a intensidade com que a violência se impregna em nossa vida – não apenas nos consultórios, mas nos relacionamentos, nas casas, nas ruas.

Pensei em como tinha chegado à conclusão de que aquela postura não era a mais adequada. No caso dos dentistas, meu desafio era provar que a criança não estava desafiando o profissional, portanto não havia necessidade de um confronto. Descobri que a diferença era minha leitura da situação: precisaria traduzir para os adultos os sentimentos das crianças. Não estou falando de fórmulas prontas, mas de princípios norteadores. Em outras palavras: no que eu me baseava para tirar esta ou aquela conclusão.

A violência como forma de se conseguir o que se quer é algo muito difundido – pelo menos em nosso país, que tem um histórico de escravidão. Por isso pesquisei comportamentos e atitudes das crianças que irritavam os adultos, num processo de "traduzir" para o adulto os sentimentos ali envolvidos. De posse dessas informações, montei cursos para odontopediatras e, mais tarde, para educadores de creches. Anos depois, descobri que:

- os dentistas começaram a mudar sua maneira de agir (claro que a minha foi uma dentre várias vozes que clamaram por mudanças);

- nas creches, o alcance fora além do esperado: as educadoras haviam atingido a comunicabilidade, alterado a compreensão de diversas situações e, por extensão, alterado padrões de comportamento.

Nos primeiros cursos, deparei com profissionais inquisidores, querendo saber como deveriam agir sem a contenção. Este era o segundo desafio: fala-se muito da necessidade de impor limites às crianças de hoje, que estariam fazendo o que querem sem respeitar os demais. *Mas como colocar limites sem agredir?* Primeiro é preciso compreender a situação, depois podemos achar várias maneiras de lidar com ela.

Freqüentemente, falhas dos filhos são consideradas desrespeito pessoal aos pais. E, nesse contexto, punidas severamente. Se o filho tira uma nota baixa, o pai tira dele algum privilégio, sem se perguntar por que isso aconteceu, como se o filho tivesse ido mal só por vingança. *Será?* Agora falta saber por que não usar os castigos físicos: porque não adianta! Educar é um processo, e as dificuldades que terão de ser enfrentadas para que qualquer criança aprenda são muitas – a hora de escovar os dentes, de pôr os sapatos, de vestir um casaco, de fazer os deveres da escola. Por ser um processo, não adianta o adulto tomar uma atitude drástica que não terá como sustentar. Não adianta ser muito rígido se a mesma situação fatalmente vai se repetir. Mais do que rigidez, para educar um pequeno ser em formação é preciso persistência e consistência, ou seja, é preciso ter sempre o mesmo princípio e a mesma forma de agir, além de uma boa razão para acreditar no que se está pedindo.

Espero que este livro inspire reflexões sobre a melhor maneira de educar nossas crianças e faça de nós pessoas melhores.

Boa leitura.

A difícil arte de colocar limites

Justiça é o interesse do mais forte.
(Platão, "Trasímaco")

Uma das maneiras mais comuns de punição é o castigo físico: dos marinheiros ingleses que eram chicoteados em público aos escravos, das palmatórias ao ajoelhar no milho. O princípio é sempre o mesmo: mostrar que não se deve errar, já que o erro é considerado "falta de cuidado", logo, intencional. Quem pensa assim se esquece de que ninguém escolhe ser feio, chato, burro e pobre se pode ser bonito, encantador, inteligente e rico. Portanto, se algo não saiu de acordo com o esperado, talvez não tenha sido de propósito. Não adianta castigar, é preciso saber onde está o problema.

Lembro-me de ensinar a uma criança, durante uma tarde inteira, determinada questão de matemática que dizia assim: "Um copo de refrigerante custa R$ 7,00, dois copos custam R$ 14,00. Quanto custam três copos?" E ela não conseguia entender.

— Quanto custa um copo?
— R$ 2,00.
— Onde você viu esse valor? Vamos ler: "Um copo custa R$ 7,00..." Quanto custa um copo de refrigerante?
— R$ 1,50? R$ 0,75?
— De onde você tirou essa idéia?

Depois de muito eu perguntar, ela respondeu, chorando: "Eu não sei quanto custa um copo de refrigerante! Na padaria, custa R$ 1,50; no supermercado, R$ 0,75; na lanchonete da escola, R$ 2,00. Eu não sei quanto custa!"

Veja, a dificuldade não era a matemática, mas um ótimo senso prático. Onde já se viu refrigerante a R$ 7,00? Por não encontrar correspondência dessa situação em sua realidade, ela não conseguia entender o que o exercício pedia. Portanto, não adiantava brigar nem castigar. Isso não esclareceria a questão; ao contrário, só apavoraria mais a criança.

O primeiro grande problema dos castigos físicos é criar pessoas submissas, que se acostumam a obedecer sem pensar ou questionar – por medo. Formam-se assim seres humanos acuados. Isso gera um problema e tanto, já que essas pessoas não desenvolvem um código moral – apenas seguem um padrão imposto. E, para isso, não se colocam no lugar do outro nem cultivam a empatia; portanto, podem se tornar, no futuro, adultos cruéis. Em outras palavras: tendem a repetir com outras pessoas o que foi feito com elas. *Não adianta explicar justiça se a criança não a experimenta em sua realidade*, dizia Bettelheim.

Quando faço atendimentos com mães, é comum ouvir delas – depois de quebrado o gelo – que batem nos filhos, especialmente quando eles as "tiram do sério". O motivo pelo qual fazem isso é "para educar". A grande maioria bate porque apanhou, ou seja, perpetua o mesmo tipo de punição a que foi submetida, sem parar para pensar a respeito. Quando pergunto como apanhavam, escuto histórias cabeludas: de rabo de tatu, de fio trançado (talvez porque o algoz não acreditasse que o fio sem a trança já doesse o suficiente...), do objeto que estivesse por perto (que era arremessado sem a preocupação de que poderia causar danos). Então, pergunto a quem faz tal relato: "Esse tipo de punição impedia que você reincidisse no erro?", ao que pessoa responde: "Não". Se lhe pergunto: "Como você se sentia nessa hora?", ela responde: "Tinha raiva", "Não vergava", "Achava uma maneira nova de não ser descoberta na travessura" etc.

Em geral, a criança apanha "porque dá motivo". Só que não sabe bem que motivo é esse. *Será que é justificável a irritação dos pais se voltar contra a criança? O que será que essa impulsividade ensina a ela?* Aparentemente, ao "grande" é permitido e aceitável bater quando está nervoso. *É mesmo? Então o marido que é maior que a esposa pode bater nela quando quiser? E se a mulher ganhar mais que o marido ou for da polícia é ela quem pode bater nele?*

Muitos pais dizem que bater adianta porque o filho fica com medo deles e não faz mais nada errado. Quando o chamam para conversar, ele até chora. Mas esquecem de pensar que depois o filho fica com medo de contar as coisas porque não sabe ao certo quando eles vão explodir, o que faz que a criança se afaste deles e fique vulnerável às companhias indesejáveis. Os pais o acuam, brigam, não explicam o que desejam. Com o tempo, o filho se envolve com drogas e os pais dizem que fizeram tudo por ele. Só que esquecem que esse "tudo" era olhando somente para o próprio umbigo. Esquecem que educar é explicar um modo de pensar; é apontar causa e conseqüência, e não punir porque sua autoridade foi contestada. As crianças, aliás, precisam contestar um pouquinho, e é melhor que as deixemos protestar quando a questão não é fundamental, para que percebam a diferença quando fincarmos o pé. Por exemplo: ir para escola é fundamental, não tem discussão. Mas, se a criança está passando por dificuldades com a professora, os pais podem intermediar e ensinar-lhe a melhor forma de lidar com isso ou até, no limite, podem conversar com a professora.

Muitos pais castigam os filhos porque dão uma ordem difícil de ser cumprida. Por exemplo, mandam a criança estudar sem saber se ela entendeu a lição, se está acompanhando a classe e, principalmente, se sabe o que é estudar. *Estudar é ler? É fazer os exercícios? É ficar quietinho? Como podemos estudar de maneira eficiente para ir bem na prova? Você sabe?* Uma mãe me contou que deixou o filho de castigo porque este foi mal na prova, mas me segredou depois que ela mesma não sabia a resposta de uma das questões. Contou-me também que tinha voltado para escola e estava indo muito mal porque não tinha tempo de estudar. Eu, na brincadeira, disse que ela ia ficar de castigo. A mãe retrucou que trabalhava e não conseguia tempo para estudar, ao contrário do filho. Só que a "desculpa" da mãe nós costumamos aceitar porque ela é adulta – e também porque paramos para ouvi-la.

As crianças nem sempre sabem onde está o problema, onde está a dúvida. Não adianta a professora insistir em contornar o desenho se não explica o que a palavra "contornar" significa. Outro dia, ouvi um adulto dizer a uma criança: "Menina, fica quieta, você parece uma enceradeira!" *Mas será que alguma criança hoje em dia sabe o que é uma enceradeira?* Outra frase bastante utilizada com crianças é: "Deixe de ser ditador!" *Os mais velhos sabem bem o que é um "ditador", mas será que os mais novos compreendem o que é isso?*

Então quando você ficar boquiaberto diante de uma novidade da ciência, lembre que seu filho se sente assim todos os dias na sala de aula, aprendendo coisas incríveis para as quais não vê aplicação alguma. *Para que saber soma, subtração, divisão e multiplicação? Ora, como você pode dar um antibiótico de oito em oito horas se não sabe somar? Como vai calcular quantos pratinhos devem ser comprados para a festa de aniversário se eles só são vendidos em pacotes fechados com dez unidades? Como saber se vai faltar ou sobrar salgadinhos?* Para tudo usamos cálculos, mas nem sempre nos damos conta. *Para que saber ciências? Para que saber geografia?* Para convencer o filho, é preciso saber a resposta, sair do automático e repensar os motivos que nos levam a considerar isto ou aquilo como essenciais.

Segundo Lidia Aratangy (1998), surra ensina, sim – mas nem sempre o que os pais gostariam que a criança aprendesse. Bater ensina a criança a:

- ser agressiva – ao apanhar dos pais, percebe que bater no outro é uma forma válida de resolver problemas;
- ser cínica – pela repetição das palmadas, a criança desenvolve a capacidade de apanhar sem se sentir humilhada;

- ser mentirosa – o único ensinamento direto de um tapa é que certos comportamentos provocam dor física, portanto a criança mente para se livrar do desconforto;
- ser covarde – fugir da dor torna-se um dos objetivos mais importantes da vida, em detrimento de qualquer outro valor;
- valorizar a lei do mais forte – hoje o mais forte pode ser o pai, mas amanhã será o filho.

Precisamos nos perguntar por que continuamos a bater em nossas crianças. *Vamos considerar outra questão: por que uma pessoa acha que tem o direito de infligir um castigo a outra?* Em primeiro lugar está o fato de considerarmos que algumas ações são intencionalmente erradas e têm o intuito de nos irritar. Se o filho derramou alguma coisa na mesa foi porque quis ou porque não estava prestando atenção – em nenhum momento passa pela cabeça do pai que o pequeno estava tão apreensivo, com receio de fazer algo errado, que perdeu o equilíbrio.

Depois, há a idéia do autocontrole, de que "tudo pode ser evitado, basta querer". Sem dúvida, muitas coisas podem ser evitadas e prevenidas; muitas, mas não todas! Alguns adultos tentam controlar sua vida nos mínimos detalhes e, ao verem as falhas das crianças, acabam se lembrado das próprias limitações. Essa percepção é tão forte que os faz punir os filhos, responsáveis diretos pela súbita consciência da imperfeição dos pais.

Há também o cansaço, que deixa qualquer pessoa inflexível e briguenta, sem forças para agüentar qualquer problema extra. O mais comum, porém, é o adulto achar que sua autoridade é incontestável e que o "erro" é uma provocação. *Aqui entre nós, você teria boa vontade para aceitar o ponto de vista de alguém que o humilhou? Você mudaria alguma coisa livremente depois de ter apanhado? Você seguiria alguém que apresenta a força como argumento?* Bem, então você entendeu a saída que proponho para esse impasse: o diálogo.

Mas só conversar adianta? A criança testa os limites dos pais. Por isso, há situações em que a conversa tem de dar espaço para o "castigo". Este deve ser visto como uma conseqüência, uma maneira de reparar um ato – por exemplo, ficar em casa até terminar de estudar, ou não ganhar alguma coisa porque não cumpriu um combinado. Isso ensina que as atitudes na vida têm desdobramentos e, dessa forma, é possível conseguir que as crianças freiem seus impulsos, para a própria segurança e a da comunidade.

Vale lembrar que certas coisas não são automáticas: sentimentos não se impõem, são conquistados. Não adianta insistir para a criança "querer" repartir seus doces – isso talvez demore a acontecer –, mas podemos fazer que ela se imagine no lugar do outro (criar empatia), cobrar dela atitudes mais solidárias, apontar nosso juízo de valores. Como indica Lídia Aratangy (1998), há quatro maneiras clássicas de impor limites: pela força; pelos castigos; pela perda do amor; pela explicação das conseqüências. Algumas regras ajudam a compreender melhor o castigo:

- **Regra 1:** A punição deve ser proporcional ao delito e ter correlação com ele. Por exemplo: não ter feito a lição na hora combinada implica não assistir a determinado desenho animado para ir fazer o dever; não ter feito o combinado significa fazê-lo agora; ir mal na prova significa estudar mais. Não adianta castigar a criança sem que ela perceba a relação entre a falta cometida e o privilégio do qual foi privada. O castigo deve ser uma maneira de ensinar a criança a pensar em causa e conseqüência.

- **Regra 2:** A punição precisa levar em consideração o ato, especialmente no caso de crianças pequenas. Por exemplo, a perda de um objeto barato deve ser tratada com a mesma relevância que a perda de um objeto caro, porque perder mostra a forma como a criança lida com suas coisas; neste caso, não se preocupando com elas. Conclusão: ensinar a criança a ter cuidado com suas coisas – qualquer uma – evita perdas maiores. Nestes casos, é importante cobrar a *prevenção* do acidente, de forma a apontar a importância do ato de prevenir. Quando valorizamos a prevenção em atos pequenos, ensinamos sua necessidade no todo – o que evita prejuízos maiores.

  Nas crianças maiores, para as quais o valor do objeto já foi explicado várias vezes, o tamanho do dano deve ser considerado, porém sempre se levando em conta que elas são apenas parcialmente responsáveis. Isso quer dizer que se uma criança pequena perde um celular parte da responsabilidade é do adulto que deu tal aparelho a ela sem avaliar o risco envolvido. Portanto, antes de castigar medite sobre sua responsabilidade no caso.

- **Regra 3:** Só podemos ensinar e exigir o que a criança ou o adolescente pode dar. Em outras palavras não adianta brigar porque o bebê não consegue segurar o xixi ou o cocô, pois esse tipo de controle depende do desenvolvimento neurológico. Exigir que uma criança pequena fique parada e quieta por muito tempo também é antinatural. O mesmo vale para a nota nas provas: não adianta querer que a criança tire notas boas se ela não entendeu a matéria.

Falar de causa e conseqüência parece fácil e eficiente, mas nem sempre é tão simples perceber a correlação. *O que argumen-*

tar se o filho disser que o Ronaldinho ganha mais em um mês jogando futebol do que a professora em dez anos de trabalho? Por que estudar se a Gisele Bündchen consegue capitalizar e ser conhecida internacionalmente por seu belo físico? Por que ser honesto se o jornal estampa políticos que roubaram os cofres públicos e mesmo assim têm a simpatia de seu eleitorado? Só ter convicções não é suficiente, convencer seus educandos é o xis da questão. Convencendo-os da importância de seus valores, você criará neles uma determinação interna que os fará cumprir o combinado por princípio; do contrário, seria preciso um detetive particular para ter certeza de sua conduta. Por exemplo, compreender a importância do estudo pode fazer a diferença entre aprender e colar, já que as conseqüências serão da criança e de mais ninguém. Em outras palavras, compreender que a subtração é decisiva na hora de conferir o troco das figurinhas dá um novo sentido a essa operação matemática.

Outra coisa: punições longínquas podem confundir a percepção entre o que a criança fez e o que está perdendo. Primeiro, porque as crianças não têm a mesma noção de tempo que os adultos; depois, porque se o castigo demorar muito para ser aplicado pode perder a função de unir causa com conseqüência. A ameaça da perda de amor pode parecer eficiente por um lado, mas produz problemas. Por exemplo, o filho pode passar a lidar com a ameaça como se não sentisse nada. Ou ainda pior: pode descobrir que os pais estão blefando! Fica parecendo comédia italiana... O mais danoso, porém, é a criança achar que o modelo que os pais almejam para ela é tão inatingível que nem adianta se esforçar. O tiro sai pela culatra – em vez de instigar a criança, a meta parece tão impossível que ela desiste antes de tentar.

Antigamente, todos os problemas eram resolvidos por meio do castigo severo – incluindo-se surras com chicote, vara e palmatória –, pois se acreditava que as crianças desobedeciam por querer infringir a lei. Muito mais tarde, esse tipo de educação começou a ser contestado. A psicologia passou a focar o sentimento das pessoas, de modo geral, e das crianças, em particular. Houve, então, uma reviravolta: nenhum pai moderno batia nas crianças, todos eram superflexíveis, todas as experiências eram consideradas válidas e, com isso, os limites foram para o espaço junto com a Apollo 11.

E hoje, como é que fica? Sabemos que é fundamental colocar limites, desde que sejam levadas em consideração as características das crianças, mas os pais continuam confusos. *Pode bater? Pode pôr de castigo? Será que dizer "não" causa um trauma muito grande? Afinal, como é que se faz para colocar limites?* Soma-se a isso o fato de a maioria dos pais trabalhar fora e passar pouco tempo com os filhos. Esses momentos são tão poucos que acabam se transformando exclusivamente em diversão, sem espaço para a educação. Na verdade, os pais querem mais é curtir os filhos. Além disso, estão cansados depois de um dia inteiro de trabalho e também querem um tempo para si – e educar, cá entre nós, cansa. *Fora isso, será que os pais de hoje sabem como fazer frente à insistência de seus pimpolhos?*

Primeiro, vamos definir quando a educação é necessária e quando ela está apenas relacionada a nossos desejos. Por exemplo, respeitar os vizinhos, agradar aos mais próximos (amigos e parentes), não roubar e ter respeito pelos mais velhos são comportamentos que fazem parte do código de ética de quase todos os povos – e ajudam na sobrevivência. Gostar de violino ou de ópera, no entanto, é uma questão bem mais pessoal. No primeiro exemplo, as questões relacionadas à sobrevivência, ao cuidado pessoal e à cidadania são imprescindíveis e precisam ser ensinados. Na dúvida, pense em longo prazo e responda: "Quando a criança crescer, determinado comportamento será útil?" *Por exemplo, se o pequeno chora por qualquer coisa, devemos deixar que ele continue a se comportar assim? Dá para ter uma companheira de trabalho que por qualquer coisa chora e berra?* Quando a criança é pequena, talvez não tenha outra maneira de manifestar seu querer; mas quando está um pouquinho maior já pode entender que não conseguirá tudo que quer – e que muitas vezes será preciso negociar, explicar, convencer o adulto responsável. Essa criança também perceberá que precisa falar para que os outros possam compreendê-la. Isso tudo pode e deve ser explicado, de modo que a criança perceba que terá de encontrar outra maneira, além de chorar e gritar, para conseguir o que quer.

Vamos ver como isso acontece na prática: uma criança está chorando porque quer alguma coisa que o adulto não quis, ou não pôde, dar a ela. O adulto, irritado, grita com a criança. *Pense bem: como a criança vai entender que é errado gritar se os adultos gritam com ela? Como vai entender que está de castigo porque gritou se o pai disse isso a ela... gritando?* O castigo que é decidido assim se confunde com os desejos do adulto e passa para a criança a idéia de que tudo não passou de uma briga para decidir quem pode mais. *Deveríamos ter objetivos mais claros, não é?* Agora outra cena: uma criança está berrando e chorando porque quer algo. O adulto, com tranqüilidade, intercede: "Vá para o quarto, acalme-se e, quando melhorar, venha aqui para que possamos conversar, porque eu não posso conversar com você berrando desse jeito" ou "Você tem direito de ficar triste e chorar, mas eu não quero ouvir gritos, então vá para o quarto e volte quando se acalmar". É provável que a criança tente berrar mais alto, mas acabará se acalmando e vindo conversar. Nessas horas, é bom que o adulto esteja o mais calmo possível, porque é assim que se ensina o controle emocional (na prática, a criança aprende que não precisa perder o controle). Assim, o adulto vai mostrar para a criança que, quando todos conseguem falar e ouvir, ela pode entender por que ele não quis/não pôde fazer alguma coisa, bem como mostrar que conversar pode economizar sofrimento e desentendimento.

É claro que nem todas as crianças agüentam esse tipo de intervenção, algumas se desesperam e começam a apresentar sintomas somáticos como tosse, falta de ar ou vômito. Nesses casos, os pais devem fortalecer seus filhos antes de aplicar o castigo, de modo que essa medida sirva pra eles aprenderem a se controlar. Para as crianças pequenas, cinco minutos podem significar uma eternidade, portanto não há necessidade de castigos muito longos: os curtos fazem o mesmo efeito. Também devemos considerar que nossos filhos não sabem das coisas como nós sabemos nem têm a mesma destreza motora. Isso quer dizer que eles às vezes derrubam coisas sem querer, não conseguem predizer fatos com a mesma tranqüilidade que nós – "Menino, não adianta levar tudo de uma vez só porque não sobra mão para abrir a geladeira!" – e, por isso mesmo, quando damos uma ordem ou fazemos uma sugestão é melhor nos explicarmos bem. A experiência, em geral, nos ensina a ser mais eficientes e a antever os acontecimentos. Portanto, não adianta exigir que o filho tenha uma avaliação semelhante, porque ele não vai ter. Nessa hora os problemas costumam aparecer.

O termo "quietinho" é um exemplo: tanto pode significar "não se mova" como "não fale mais nada". A boa explicação deve deixar claro o que se espera. Não adianta dizer para a criança que ela deve "priorizar" se ela não sabe o que isso significa. Na dúvida, pergunte se ela entendeu. Pior ainda se a explicação a deixar apavorada, porque o medo inibe a capacidade de raciocínio (ver capítulo 2, "Birras e medos"). Se a punição deixa a criança atemorizada, pode impedi-la de contar para os pais e professores coisas realmente importantes, deixando-a sozinha e fazendo dela uma presa fácil para chantagens.

A explicação oferecida à criança deve ser clara; sem mascaramento, porém sem falar do que ela não quer saber nem assustá-la. Há aquela piada do menino que pergunta para a mãe como ele veio ao mundo; e a mãe, depois de um longo suspiro, resolve explicar o milagre da reprodução. Ao final, pergunta se o filho está satisfeito e este responde: "Eu só queria saber se nós nascemos pelados ou vestidos". Já presenciei pais com a melhor das intenções explicarem o que poderia acontecer de mais negro numa separação de casais, quando o que o filho queria saber é como fica sua relação com aquele que sai de casa. Assim como algumas explicações mais complicam do que ajudam, certos gracejos – como depreciar com piadas um dos pais – podem causar grandes transtornos. Esse tipo de brincadeira, quando feito, deve mostrar ao filho que o pai é amado apesar dos defeitos. E, de lambuja, ensinar a ele que não é preciso ser perfeito para ser amado e aceito.

Da mesma maneira que a criança deve saber quando você está brincando, ela deve poder discernir quando você está falando sério. Por isso, a maneira como as regras são colocadas constitui um item importante. Muitos pais conseguem explicitar tudo o que pode e o que não pode, combinam tudo direitinho com o filho – só que eles próprios não seguem o combinado. Se uma regra foi estabelecida, precisa ser seguida. Não adianta dizer que o filho não pode fazer algo senão terá um castigo e depois resolver mudar o castigo porque o filho ficou triste com aquele. Caso o combinado não precise ser cumprido em uma situação específica, é preciso que o porquê da exceção fique claro, já que é dessa maneira que ensinamos nossa forma de pensar e agir. Exemplo: o pai diz ao filho que este tem de ir para casa cedo todos os dias porque tem aula no dia seguinte, mas, um belo dia, deixa que ele brinque na rua um pouquinho mais *porque* é véspera de feriado. Outro exemplo: o pai diz ao filho que não gosta que este falte na escola, mas em determinado dia prefere que ele fique em casa *porque* está doente. Exceção criada, razão explicada – a criança entende a explicação dos pais e assimila mais facilmente a regra.

É preciso cuidado ao determinar as normas, para que os pais não corram o risco de não conseguirem cumprir o combinado ou de se sentirem compelidos a cumpri-lo a qualquer custo. Ambas as atitudes atrapalham o relacionamento entre pais e filhos. É o caso de ameaças que só servem para amedrontar: "Se você fizer isso, eu *nunca* mais falo com você!" Caso a criança pague para ver, descobrirá que o pai nem sempre fala a verdade, e a autoridade deste estará seriamente ameaçada – inclusive em situações mais graves, nas quais a obediência é necessária.

Não se iludam, as crianças testam os pais para saber quanto eles levam a sério as próprias regras. Adultos desavisados costumam se irritar com isso, pensando que as crianças estão medindo forças com eles – quando na verdade elas estão somente avaliando o que foi dito. Devemos lembrar que muitos pais falam asperamente com seus filhos, prometendo castigos fantásticos, mas na hora de colocá-los em prática acabam voltando atrás com pena – fazendo que os filhos acreditem que não é fundamental levar as normas a sério, já que não serão castigados realmente. Esse é um desserviço, pois se o pequeno não aprende a cumprir regras dentro de casa vai acabar aprendendo fora, com a escola, com a polícia.

Não adianta pedirmos uma coisa quando na verdade queremos outra: a criança não adivinha como deve se comportar. Isso também é válido no que diz respeito a exemplos; se você não quer que a criança grite, não grite com ela. Reclamar na escola que seu filho está falando muito palavrão devido às más companhias, quando você xinga no trânsito, não vale. E aqui está um dos pontos mais importantes da educação: há coisas que fazemos e não queremos que nossos filhos façam. Isso acaba dando curto-circuito nos pequenos, já que eles tendem a imitar os pais. Por exemplo: você diz que ele deve estudar todos os dias, e não deixar para rever a matéria na véspera da prova; mas ele vê sua correria para acabar um trabalho para o dia seguinte. Pior é quando temos medo de alguma coisa (por exemplo, nadar), queremos que os pequenos a enfrentem e na hora ficamos divididos entre deixá-los correr o risco (que achamos que existe) ou segurá-los em casa.

As professoras dizem que os alunos estão cada vez mais "mal-educados" porque não dizem "por favor" nem "obrigado". Os alunos, por sua vez, acham que as professoras não fazem mais do que a obrigação cuidando deles. *Será que os pais não percebem? Com quem a criança aprende que não precisa pedir com jeitinho? Com quem ela aprende que deve ser servida?* Na verdade, essas crianças não são mal-educadas e sim muito bem-educadas, pois repetem em todos os lugares o que aprenderam em casa. O problema é que os pais ensinam uma coisa e querem que os filhos façam outra. Os pais odeiam verduras, mas sabem que elas fazem bem para a saúde, então enchem o próprio prato de batatas fritas e carne e servem para os filhos tomates e cenouras! E, claro, as crianças não vão querer comer. Isso sem falar nos foras que os pequenos dão porque ouvem os pais falarem mal de algumas pessoas e "soltam" o que ouviram nos momentos menos apropriados.

Nem sempre fazemos o que queremos que nossos filhos façam. Muitas vezes, inclusive, esperamos que eles façam exatamente o que não conseguimos fazer e, por isso mesmo, não sabemos como ensinar. Temos idéias a respeito, pensamos dominar o assunto, mas na prática não é bem assim. Por exemplo, há a mãe que casou com o primeiro namorado e acha que a filha deve "aproveitar" bastante a vida de solteira, mas fica angustiada quando sua pequenina não quer se fixar em ninguém, ou entra em desespero quando ela fica triste por terminar um namoro. Na teoria a mãe quer que a filha aproveite a vida de solteira, mas na prática pode ficar desnorteada com a hipótese de ela não se casar. Pode parecer estranho, mas isso acontece o tempo todo: por exemplo, pais que não estudaram nem sempre sabem como ensinar o filho a estudar. Acham que ele deve ficar o dia todo enfurnado, lendo sem se distrair um minuto sequer, e assim por diante. Há os pais que não gostam de ler, mas querem que os filhos gostem, querem que eles sejam cultos e não deixam que leiam gibis. *Por quê?* Não sabem ao certo, mas essa não deve ser uma leitura "boa". Sem contar aqueles que esperam que os filhos tenham o mesmo sonho que foi seu um dia: "Meu filho será médico!" Sendo que o filho gostaria mesmo de ser cantor de ópera. "Meu filho será jogador de futebol", e o menino sonha em ser cientista.

Mas por que alguém esperaria que o filho seguisse o caminho do pai? Querer que o filho seja alguém importante, ter orgulho dele e valorizar suas qualidades fará muito bem a ele. Mas colocar um peso grande demais em seus ombros pode impedi-lo de andar. No entanto, só percebe o peso que a criança tem de agüentar quem sente o próprio peso que carrega. Ou, se você preferir, quem exige demais de si mesmo acaba exigindo o mesmo quinhão dos outros. E isso, na verdade, é um traço cultural – assim como o conhecimento, o castigo etc.

Segundo Oliver Thomson (2002), "todas as *sociedades pré-civilizadas foram aglutinadas por concepções éticas* em grande parte não declaradas, mas sempre compreendidas. [...] Porém essas "éticas" grupais sofrem diferentes tipos de pressão externa e forçam a diferentes tipos de moralidade. Desta forma, em sociedades onde a expectativa de vida fosse pequena, ou em que a própria vida tivesse um valor menor, a violência era enaltecida, mostrando que a própria sociedade pressiona seus membros a seguirem certos padrões" (grifo do original). Um bom exemplo disso está acontecendo no Brasil: como temos pouca oferta de empregos, valorizamos quem monta o próprio negócio, quem não tem patrão.

Mas a ética também é móvel – e depende de persuasão. Basta ver como a corrupção é aceita em certos países e rechaçada em outros. A famosa frase "Rouba, mas faz" insinua que aqueles que não roubam também não fazem nada. *Será? Será que todos os políticos são larápios?* Na verdade, a moralidade está intrinsecamente ligada à persuasão, e esta se torna mais fácil porque a maioria das pessoas não quer raciocinar a seu respeito, diz Edward de Bono (*apud* Thomson, 2002). E acrescenta: em geral, as pessoas detestam ter de pensar sobre decisões, pois isso sobrecarrega a mente; há uma preferência fundamental pelas decisões automáticas, baseadas em padrões.

Piaget estudou o desenvolvimento da ética em seres humanos e descobriu que as crianças começam a vida sem essa noção, passando depois a avaliar o mundo segundo regras impostas. Somente na maturidade os seres humanos podem pensar sobre as regras que foram obrigados a cumprir. Sabemos que muitas pessoas não conseguem refletir sobre as normas sociais, aceitando a realidade como se ela só pudesse ser daquela maneira: "Políticos são todos iguais, todos roubam mesmo!" Esse tipo de raciocínio não possui crítica. Em outras palavras, com base nesse modo de pensar não há possibilidade de evolução, pois ele não estimula a reflexão sobre o que já passou. Pessoas que pensam assim batem nos filhos *porque* apanharam. Só por isso. Quando são levadas a pensar sobre o assunto, lembram-se de como se sentiam humilhadas – e então elaboram outras maneiras de lidar com os pequenos.

Por aí podemos avaliar a dificuldade em mudar as regras e as formas de ver da sociedade. *Como as coisas mudam, então?* Quando as pessoas sentem grande incômodo ou, segundo Bono (*apud* Thomson, 2002), quando são convencidas de que o jeito de agirem não está tão bom. As CPIs e a opinião pública estão forçando uma mudança ética dos políticos brasileiros, sob risco de não serem mais eleitos. Para Thomson, os códigos morais estão relacionados com a situação da sociedade, especialmente nos quesitos saciedade e privações. Isso quer dizer que, de acordo com as condições de cada época e país, as pessoas são levadas a considerar certos fatos corriqueiros ou dignos de punição. Por exemplo, quando há abundância é tolerado o desperdício, já em períodos econômicos mais difíceis a austeridade passa a ser uma virtude. Em época de estiagem, todos precisam colaborar gastando menos água; quem foge desse padrão é marginalizado, pois é sabida a importância da participação de todo mundo para que a água possa ser mais bem aproveitada.

A ética é influenciada pela riqueza, de forma a permitir que esta se perpetue. Assim, a agricultura valorizou a escravidão, a industrialização valorizou o trabalho infantil e nossa sociedade de consumo valoriza o desperdício. O poder político também influencia os padrões de comportamento. "A homossexualidade platônica, por exemplo, foi amplamente valorizada como virtude pelo general Epaminondas, para obter melhores resultados de seu exército de pares masculinos. Tais princípios também foram incentivados pelos xoguns japoneses e pelo III Reich", comenta Oliver Thomson. Em outras palavras, a moral é expressão de grupos dominantes que influenciam a maioria silenciosa a se comportar segundo sua conveniência. Ou: a moralidade é uma maneira de gerenciar objetivos. *Mas como isso é feito?* Levando-se em consideração valores sociais básicos, como apego à família, à segurança, à aprovação, à compaixão e à comodidade. Esses elementos dependem de educação, maturidade emocional, vínculos fortes entre pais e filhos para suportar as limitações da casa e da vida, amor e consideração entre os membros de uma família de modo a agüentar brigas ou possíveis restrições (que costumamos chamar de consciência). A família é a célula da sociedade. Para tanto, temos códigos morais, aceitos por cada comunidade, que delimitam comportamentos esperados e também ajudam a maioria a tomar decisões sem ter de refletir a respeito: o código comunitário oferece um conjunto de respostas, acomodando as pessoas numa condição comum.

A maioria dos códigos morais está ligada à preservação da espécie – reprodução, alimentação e segurança. Por isso, as guerras têm sido consideradas moralmente aceitáveis: cada lado se considera correto por defender algo que a comunidade acredita ser valioso. Nesses casos, a morte é aceitável: afinal, trata-se de nossos "inimigos". O sadismo e as torturas tornam-se legalizados – basta lembrar dos campos de concentração nazistas durante a Segunda Guerra Mundial e, mais recentemente, da prisão de Abu Ghraib. As punições corporais foram muito valorizadas na Igreja Católica, com o objetivo de "purgar os pecados". As punições vão desde provações individuais até humilhações públicas. A idéia central era punir o corpo para libertar o espírito, para elevá-lo. Muitas dessas crenças continuam vivas. Por exemplo, bater em uma criança com uma espada-de-são-jorge é um ritual para afastar maus espíritos.

A autopunição como forma de purificação existe no imaginário humano e continua presente. Para Thomson, "a autopunição, idealizada em algumas culturas, encontra sua forma mais recente na drogadicção – no alcoolismo e na dependência das drogas, na exposição a doenças sérias, especialmente as venéreas, já que é uma maneira de causar dano a si mesmo". *Mas por que dada sociedade estaria predisposta a se autopunir ou guerrear?* "Pressões psicológicas exercidas sobre uma geração de crianças podem ressurgir vinte anos depois como uma reação paranóica; isso significa que a pressão psicológica sobre uma geração influencia a próxima geração, pois as crianças lembram o que aconteceu a seus pais e querem vingança. Comportamentos assim já foram identificados em várias culturas", ensina Thomson.

Como diria Yves de La Taille (1983), citando Alice Miller: "Todas as crianças têm dons que, se forem ignorados ou até mesmo massacrados pelos adultos, poderão gerar sofrimentos psicológicos durante toda a vida. E, mais ainda, os adultos que sofreram humilhações na infância tenderão a descontá-las nos mais fracos, notadamente nos filhos" (p. 40). E acrescenta: "Esse desprezo por esse ser menor e mais fraco (a criança) é a melhor proteção contra a irrupção dos próprios sentimentos de impotência, é a expressão da fraqueza" (p. 84). Portanto, o problema da violência não está relacionado somente a atitudes físicas, mas também a violências verbais. Não adianta um pai não bater no filho e, no entanto, cobri-lo de ameaças como "Vou te encher de porrada", "Te enforco vivo" ou "Se você não fizer isso, te mato", porque isso marca a criança da mesma maneira.

Seria a ameaça uma forma de coação? Ela é feita para intimidar? Para provar quem é o mais forte? Ou, como dizem os pais mais assustadores, ela é só um aviso? Acredito que na maioria das vezes a ameaça serve apenas para coagir a criança. Se a intenção for só essa, porém, sabemos que o aviso só vale enquanto estivermos atentos e com a situação sob controle. Um exemplo gritante da reação a esse tipo de ameaça acontece nas estradas: quando há guardas rodoviários em pontos estratégicos, os motoristas que passam por eles e vêem a fiscalização começam a piscar os faróis para sinalizar aos demais que "adiante tem guarda". Parece, então, que os motoristas só diminuem a velocidade "para não serem pegos em flagrante", e não para a própria segurança, já que talvez aquele trecho seja perigoso. Isso, porém, só ocorre enquanto há vigilância; quando não há, a contravenção ocorre. É assim também na educação: se usamos de ameaça, precisamos vigiar sempre, senão ela não vale nada. Em contrapartida, podemos mostrar às crianças o porquê de certos atos e ter certeza de que esse ensinamento fará parte de sua vida. É o caso de hábitos de higiene, que com o tempo a criança adquire e aprende a perceber que a fazem se sentir bem.

Mas e se a ameaça for para diminuir o outro, esperando que ele reaja e mostre seu melhor? Muitos pais pensam que atitudes que envergonham a criança talvez façam que ela se esforce mais na próxima vez. Um exemplo disso é o uso da frase "Você é burro, menino" para chamar a atenção da criança para um erro que ela cometeu. Cuidado! Cada pessoa reage de uma maneira, e essa fala pode virar uma lei, o que significa que o pequeno pode acreditar que não é mesmo capaz e deixar de tentar, o que é terrível! Para as crianças, os adultos sabem "de tudo". Portanto, elas podem achar que sabemos isso também, ou seja, que temos certeza das limitações delas. *E temos? Conhecemos mesmo a capacidade de cada um?* "Rotular" alguém pode causar o efeito oposto ao desejado. Portanto, não diga "Este menino não tem jeito", "Você parece burro", "Esta menina não vai dar para nada", porque a criança pode acreditar em você. E depois ambos vão sofrer. Já dizia Lacan "o sujeito nasce falado", o que significa que filhos e alunos aprendem quem são pelo que ouvem dos adultos que lhes são significativos; e, nesse contexto, pais e professores são fundamentais.

Exatamente na direção oposta, é sabida a importância de mostrar o que os pequenos têm de bom para conseguir que melhorem tanto na escola quanto em casa. Em outras palavras, é mais fácil alguém se esforçar para conseguir um prêmio do que lutar contra uma punição que considera injusta. Portanto, em vez de dizer que a criança vai ficar de castigo se tirar notas baixas, é mais eficaz prometer a ela uma coisa boa (por exemplo, a permissão para convidar o melhor amigo para passar a tarde em casa) se ela se esforçar para ir bem. Note que não estou valorizando a nota em si, mas o esforço que a criança faz para ir bem na prova, pois na vida é preciso que nos esforcemos sempre, principalmente depois de um fracasso.

Outra coisa que deve ser ensinada é a importância de olhar para nossos erros de modo a aprender com eles. Se formos valorizados somente pelos resultados, cada nota baixa ou erro no trabalho pode ser tão pesado que nem possibilite a compreensão de nossas falhas. Isso me lembra uma prática comum entre educadores: mandar a criança ficar no cantinho pensando quando faz alguma coisa errada. *Pergunto: o que você espera que uma criança de 3, 4, 5 anos pense nesse momento?* Provavelmente pensará no que está perdendo, mas dificilmente avaliará a situação como o professor espera que ela faça, pois ainda não possui bagagem suficiente para refletir sobre seus "erros". Então, antes de deixá-la pensar, é melhor conversar e tentar mostrar como o amiguinho se sentiu por causa da ação dela, ou apontar maneiras de consertar o que foi "estragado", ou explicar por que aquele comportamento não é aceito. Educar, como vimos, é convencer o outro de seus valores...

Nem sempre a rigidez é eficaz. Às vezes precisamos deixar passar pequenas coisas. As crianças tentam burlar algumas regras, portanto escolha aquelas pelas quais você vai brigar e explique os motivos dessa atitude; no entanto, quando puder ser mais flexível, relaxe. Talvez não valha a pena brigar porque o filho se atrasou dez minutos, mas certamente é preciso ser intransigente quando o assunto é não dirigir bêbado. Dessa forma, ensinamos que as normas têm como fundamento o bem-estar de todos, inclusive o bem estar da criança/adolescente. Há um caso que ilustra isso muito bem: uma adolescente sai para uma festa e não retorna à sua casa, nem ao menos telefona para avisar onde está. A mãe liga para os amigos e descobre que ela dormiu na casa de um e almoçou na casa de outro, mas "ninguém" sabe onde ela está. Quando ela chega em casa, depois de lhe dar uma bronca, a mãe cai no choro. Ela abraça a filha e conta para ela o medo que teve de nunca mais a ver, de que alguma coisa tivesse acontecido e ela não pudesse ajudar, visto não saber ao certo onde a menina estava. Nesse momento, a adolescente se assustou e descobriu que a mãe queria protegê-la, e não controlá-la. Depois disso, ela passou a avisar onde e com quem estava. *O que foi que mudou?* Descobrir que era amada, que havia uma preocupação real pelo seu bem-estar fez a garota perceber a finalidade de certas normas – por exemplo, a de avisar onde estava.

Para isso dar certo é fundamental que os pais tenham muita clareza do porquê de cada norma colocada, de modo a poder explicar e defender seu ponto de vista. Manter o respeito pela conversa é um bom sinal de que valores importantes estão sendo aprendidos. A fim de enxergar o melhor caminho a seguir, o mais importante, porém, é saber por que a criança desrespeita as regras. Por exemplo, a criança pode estar desobedecendo porque só consegue atenção dessa maneira. Ou, ainda, pode estar tão apavorada que não consegue reagir de outra forma, pois está paralisada. Nesses casos, quanto mais se briga, quanto mais se colocam limites, pior fica a situação, pois o medo impede o raciocínio. Não entender isso faz que seja criada uma bola de neve que só tende a crescer e a se complicar. Uma situação corriqueira são os castigos para aqueles estudantes tradicionalmente bagunceiros. Às vezes, de tanto marcá-los, acabamos confirmando que não conseguiriam fazer nada além de desobedecer e perdemos o aluno. Talvez o caminho seja valorizar o que ele faz de melhor e mostrar que aquele comportamento só impede os demais de verem suas qualidades. Talvez a bagunça sirva apenas para mascarar suas dificuldades – nesse caso, colocá-lo para fora só pioraria a situação.

Outro exemplo: uma criança que não consegue obedecer pode estar com estresse. Isso mesmo: hoje em dia os pequenos têm tantas obrigações e compromissos, começando pelo fato de ficarem fora de casa por muito tempo, que não conseguem relaxar e, por isso, mostram sua dificuldade desobedecendo sistematicamente, ou agredindo, ou tendo ataques que não conseguimos entender. Vou dar um exemplo: uma criança meiga, calma e amada pelos pais começa se comportar de modo estranho de uma hora para outra. Sem que fosse possível entender a razão, ela fica furiosa e joga coisas em quem estiver por perto. A escola, que já tinha recebido seu irmão mais velho e gostava muito desse aluninho, não sabia mais o que fazer. Quando os educadores analisaram de perto a situação, no entanto, constataram que essa criança ficava fora de casa por doze horas – já que os pais trabalhavam fora. Além disso, ficava acordada até tarde para conseguir ver o pai, que chegava muito tarde, o que significa menos horas de sono. Some-se a isso uma educação rígida, em que os filhos eram punidos por meio de castigos físicos, como surras de cinto e coisas do gênero. Para ajudar a resolver o problema, foi sugerido aos pais que abrandassem os castigos, permitissem que a criança ficasse na casa da avó duas vezes por semana e fizesse a sesta todos os dias (já que o cansaço poderia ser o responsável por grande parte do problema). Além disso, foi combinado que o pai veria os filhos todas as manhãs; dessa maneira, eles dormiam mais cedo com a certeza de que o encontrariam no dia seguinte. Na escola, foi acertado que a criança que estava apresentando problemas deveria ser orientada a dormir quando se exaltasse. Foi o suficiente para que ela não apresentasse mais "comportamentos estranhos". Em casos de estresse, convém rever o quadro de horários e verificar quando a criança pode brincar e quando deve descansar, para que tenha um número suficiente de horas de repouso e sono.

Há também os momentos em que pedimos coisas que nem sempre podem ser cumpridas: pedir para crianças pequenas ficarem quietas por muito tempo é impossível, assim como pedir para que irmãos não briguem. Exigir que uma criança tenha a responsabilidade ou a organização de um adulto é desconsiderar toda nossa experiência. Podemos pedir para os adolescentes não serem imediatistas, mas eles só vão nos entender muitos anos depois. Os pais falam e explicam coisas que, um dia, provavelmente, farão sentido. Por enquanto, só lhes resta falar, explicar, argumentar e às vezes brigar e castigar. Lembrem-se: educar é ajudar a criança a construir seus valores, levando em consideração seus sentimentos e as regras da sociedade.

Costumo dizer que os bichos mais bobos que conheço são o bicho-pai e o bicho-mãe, capazes de qualquer sacrifício só para ver o filho contente: compram o que não podem, vão aonde não querem, demonstram de quantas formas puderem que o filho é querido e merece ser feliz. Mimam tanto o filho que acabam esquecendo de ensinar que eles, pai e mãe, também têm direitos. Direito de ficar a sós, direito de ter lazer, direito de ouvir as músicas que gostam. Por isso, uma das funções mais difíceis atribuídas aos pais e professores é colocar limites. Primeiro, porque as coisas que podem ou não ser feitas hoje em dia dependem mais do tipo de educação do que de conceitos de certo e errado. Segundo, porque a maneira de impor limites mudou: não é mais por meio de castigos físicos, e isso costuma atrapalhar os adultos. *Como é possível pedir para o pai que tem como meta a felicidade do pimpolho agüentar a cara feia, o choro e o "sofrimento" deste que ele "deve limitar"?* Sim, porque educar é frustrar, visto que se tornar civilizado demanda a repressão de alguns instintos anti-sociais básicos e primitivos; por exemplo, passa a ser preciso dosar o egocentrismo. Freud já dizia que só há proibição se houver desejo ou, em outras palavras, não é preciso proibir o que as pessoas não querem fazer. *Como conseguir que esse pai impinja certa dose de frustração aos filhos?* Há duas formas de impor limites: a física, que torna a empreitada impossível ("Queria ser alta como..."), e a normativo-cultural, que coloca o limite do proibido.

No tocante à cultura, deixamos de fazer certas coisas porque sabemos quais são as conseqüências e não queremos arcar com elas. Esse ensinamento é difícil, mas permanente: todas as ações trazem embutidas reações e conseqüências. Nossas atitudes podem ensinar coisas que, na verdade, nem percebemos. Um avô comprava guloseimas para a única netinha todas as vezes que ela o visitava. Um dia, a mãe deu à menina um dinheirinho para que ela convidasse o avô para tomar sorvete. Mas o avô ficou com pena da neta e acabou pagando a conta. Apesar de bem-intencionada, essa atitude não foi correta, pois deu a entender que a pequena não precisava retribuir o carinho, a atenção e o amor que o avô e, por extensão, os demais dispensavam a ela. Muitos pais nem reparam nisso: preocupam-se tanto em dar coisas para seus filhos que se esquecem de ensiná-los a retribuir, a agradecer, a respeitar os mais velhos, a reconhecer que o outro não tem obrigação de fazer nada para eles mas o faz para agradar e deve ser reconhecido por isso. Esses mesmos pais mais tarde ficarão bravos porque seus filhos não ligam para eles, não têm consideração, pensam somente em si mesmos. Vejam bem, eles foram educados como se o mundo girasse ao seu redor, como se não devessem nada em retorno, portanto são muito bem-educados. Essa, aliás, é uma questão muito discutida entre professores. Eles reclamam que as crianças não pedem "por favor" e são mal-educadas. Eu costumo perguntar a eles como acham que essas crianças pedem as coisas em casa: "Devem agir da mesma maneira!" Portanto, são "bem-educadas", já que repetem na escola o que aprendem em casa.

Mas não é só com base nesses gestos que educação e limites são ensinados: pais que respeitam limites, que seguem as regras que colocam e que respeitam os mais velhos estão ensinando aos filhos o mesmo comportamento. Não adianta dizer para seus filhos que é preciso fazer as coisas com antecedência se você deixa para entregar a declaração de Imposto de Renda no último dia. Não adianta dizer a eles que estudar é importante se você não leva em conta a hora em que devem dormir para prestar atenção na aula do dia seguinte. Deslizes assim mostram na prática como os pais lidam com os limites; eles ensinam mais do que mil palavras. E tem mais: se os pais acham bonito driblar as normas, os filhos seguirão o mesmo caminho. O problema é que poderão querer burlar regras que os próprios pais colocaram. E, mais do que isso, poderão querer burlar as que os protegeriam de situações de risco.

Quando chega a adolescência, os pais ficam furiosos porque os filhos se sentem donos do controle remoto, porque não arrumam o quarto, porque falam ao telefone tanto que ninguém mais consegue se comunicar com a casa. *Mas como era quando eles eram pequenos? Os pais permitiam algum nível de independência ou frustração?* Responsabilidade é algo que se ensina aos poucos, passo a passo. Só assim ela passa a fazer parte da vida das pessoas quase sem que elas se dêem conta disso. Por exemplo, ensinar as crianças a acordar cedo, a não faltar à escola e a fazer as lições mesmo querendo ir brincar lá fora é uma maneira de incutir nelas responsabilidade. Guardar os brinquedos, cuidar das próprias coisas e responsabilizar-se pela higiene pessoal são atitudes possíveis e que facilitam, e muito, o dia-a-dia. Ajudar a pôr e a tirar a mesa e não deixar a mamãe fazer isso sozinha, bem como não deixar o banheiro inundado de roupas e água, são coisas que ensinam que a ordem e o bem-estar da casa são responsabilidade de todos, não centralizados numa única pessoa e, portanto, todos devem colaborar. Isso não quer dizer que não deva haver alguém que centralize a organização, de preferência alguém com responsabilidade e visão. Há casas em que as crianças ditam as regras e tudo fica de pernas para o ar. Lembro-me de uma conhecida que vivia com sono porque seus filhos queriam dormir de madrugada. Ela ficava exausta e mal-humorada, o que a fazia perder a paciência com os pequenos. Um dia a sogra resolveu ajudá-la e levar os netinhos para passar uma semana em sua casa. Pasmem! Eles voltaram dormindo em horários razoáveis, calminhos. Depois de alguns dias, os filhos estavam novamente dormindo de madrugada, e a mãe concluiu que o problema era ela e o pai.

Por que um casal permite que os filhos invadam tanto sua vida a ponto de não deixá-los ter momentos a sós? Por que as crianças podem ter tantos privilégios que os adultos perdem seus direitos? Não é à toa que a maioria dos problemas encaminhados aos consultórios hoje em dia está relacionada à falta de limites: falta de limites para perceber o outro, falta de limites para perceber quando invade o espaço alheio, quando está passando por cima dos outros. Essa inversão de valores sobrecarrega as crianças, que se tornam responsáveis por coisas sobre as quais não têm competência para decidir, como o que comer. Cheguei a ver mães que perguntavam às filhas se deveriam ou não permanecer casadas com seus pais! *O que estamos ensinando para nossos filhos?* Pais que dão esse tipo de liberdade aos filhos, na verdade, estão querendo se livrar das responsabilidades; por isso concordam com qualquer coisa que o filho peça, mesmo que coloque em risco sua integridade. Vemos com freqüência pais de adolescentes que não conseguem colocar limites porque acham que o fato de todos os amigos do filho fazerem determinada coisa os "obriga" a permitir que os filhos também o façam. Por exemplo, deixam seu filho beber muito só porque os amigos dele bebem. Deixam que volte tarde da noite com qualquer pessoa só porque deve se virar na vida. Esse tipo de criação faz que a criança e, amanhã, o adolescente sintam que não fazem diferença para ninguém – e, por comparação, que ninguém faz falta. Essa regra ameaça toda a sociedade, já que vivemos em grupo e, por princípio, todos os seres humanos deveriam ser importantes por si, todos fazem falta e diferença. O princípio pelo qual cada pessoa tem lugar na sociedade deveria ser respeitado, já que todos juntos, e cada um, ajudam a formar o todo.

Se estou aqui sentada escrevendo e você está aí lendo é porque há alguém plantando meu jantar de amanhã, porque alguém vai buscar esses produtos e outro alguém vai armazená-los, de modo que eu possa ter acesso à comida. Alguém cuida da água para que eu possa lavar as mãos, alguém retira o lixo para que possamos viver com higiene, alguém cuida dos esgotos para que não nos contaminemos, e assim por diante. Se eu tivesse de cuidar de tudo isso, não me sobraria tempo para escrever. Por isso todos somos importantes, cada qual a sua maneira. Para nos considerarmos importantes, é preciso que cada um perceba como suas ações podem interferir na vida dos outros – não só pelo que fazem, mas também pelo que não fazem. Assim, pedir que um filho ponha a mesa e que outro lave os pratos ensina que todos temos um lugar e que fugir da responsabilidade sobrecarrega aqueles a quem amamos. Mas isso tem de ser ensinado em casa, valorizando cada um dos membros da família, com suas características e limitações. Como diria minha avó: "Trabalho de criança é pouco, mas quem despreza é louco".

Birras e medos

No dicionário, *birra* é sinônimo de *teimosia*, de teimar com impertinência. *Teimar* significa *insistir*. Em geral, usamos essa palavra para caracterizar algo negativo. *Perseverar* também é sinônimo de *insistir*, porém é uma palavra com sentido positivo. As palavras *birra* e *teimosia* contêm uma avaliação pejorativa *a priori*. Normalmente, a *birra* é definida como uma tentativa feita pela criança para mandar no adulto, desestabilizá-lo. A palavra carrega a idéia de intencionalidade: a criança faz algo que sabe que irritará o adulto, com a finalidade de tirá-lo do sério.

Em um de meus grupos de atendimento a pais e professores, pedi a eles que listassem alguns comportamentos que poderiam ser definidos como birra. Os mais citados foram os seguintes:

- gritar;
- chorar;
- não obedecer;
- não falar;
- falar sem parar;
- agredir;
- tentar fugir;
- xingar;
- insistir.

O senso comum costuma definir a birra como falta de educação. O que não se diz é que a falta de educação de uma criança é, muitas vezes, uma falha dos pais. Há um lado da birra que diz respeito à criança, mas há outro que diz respeito ao adulto. Em situações difíceis, nas quais a criança aparentemente tenta desestabilizar o adulto, este se sente no direito de puni-la, sem se preocupar com o que a deixou tão nervosa. Vejamos o seguinte exemplo: uma criança está chorando porque não consegue amarrar o cordão do sapato. Seu pai vem e o amarra para ela. A criança, desconsolada, chora mais ainda e desamarra o sapato. E leva uma bronca dos pais, porque "eles fazem tudo por ela, e ela os trata assim". Mas, antes de amarrar o sapato da criança, eles não pararam para entender o que estava se passando com ela. *Por que ela estaria chorando?* No livro *Psicanálise e psiquiatria*, Françoise Dolto analisa comportamentos como esse e mostra que o choro da criança está relacionado com a percepção de sua própria impotência: ela não chora porque quer o sapato amarrado, mas porque não consegue amarrá-lo sozinha. Nesse caso, a atitude do adulto só aumenta a sensação de incapacidade. Tradução: a frustração se confunde com birra. E, como já disse antes, o tempo para os pequenos não tem a mesma cronologia que para nós. Para eles, o fracasso parece que vai durar para sempre – daí o desespero.

Existe algo na birra que mexe profundamente com o adulto, a ponto de ele perder o controle sobre seus sentimentos e ação, chegando em alguns momentos a ficar "cego de raiva". Talvez seja o fato de que ele perceba na criança algo que o incomoda – e muito. *Mas o que seria?* No mesmo grupo de atendimento a pais e professores, pedi a eles que dissessem como reagiriam em determinadas situações de medo e pressão. As respostas foram:

- gritaria;.
- choraria;
- ficaria paralisado;
- ficaria mudo;
- discutiria;
- xingaria;
- brigaria.

Você vê a semelhança entre essa lista e a anterior? O que irrita os pais na atitude da criança é um comportamento que eles não aceitam em si mesmos, por isso tentam sufocar o espelho que lhes lembra os próprios sentimentos. As atitudes impositivas dos pais, tentando subjugar a criança, nem sempre dão resultado, já que fica claro que o adulto quer colocá-la sob uma lei que ele mesmo não segue. Nesse caso, o que o adulto considera birra – e que, por definição, o irrita – está correlacionado com aspectos de sua personalidade, aspectos que ele não gosta ou não se permite aceitar. Por exemplo, pessoas muito exigentes consigo mesmas costumam cobrar perfeição semelhante dos que as rodeiam e podem ficar profundamente irritadas com sujeitos mais descontraídos, que não se exijam tanto. *E aquela criança que insiste até conseguir o que quer, irritando até o mais calmo de todos os mortais? Não é uma criança sem educação?* Não, é uma criança muito bem-educada, porque repete fora de casa exatamente o que aprendeu que deveria fazer. Se em casa a insistência permite que alguma coisa aconteça, fora vale o mesmo princípio. Se uma criança insiste excessivamente com os pais para conseguir algo, mas eles acham seu modo de agir inadequado e não cedem ao que ela quer, esse comportamento tende a desaparecer. Mas muitas vezes os pais acabam cedendo porque isso é menos trabalhoso do que fincar pé e explicar infinitas vezes os motivos que os levam a esta ou àquela decisão. Não ceder exige clareza de idéias, perseverança e, mais que tudo, prestar atenção na criança.

No livro *Os anos mágicos*, Selma Fraiberg conta a história de uma menina que não queria tomar banho de banheira por nada deste mundo. Uma tia que estava por perto, achando tratar-se de puro capricho, aconselhou a mãe a dar-lhe uma surra. Mais tarde, descobriu-se que a menina presenciara a mãe esvaziando a banheira e a partir daí passou a ter medo de ser levada pelo ralo. Essa "birra" escondia um medo não expresso pela criança. E a surra, longe de resolver a questão, poderia agravá-la ainda mais. Na verdade, o castigo só serviria como um regulador do humor do adulto. Esse caso mostra que nem sempre conseguimos diferenciar a birra do medo, porque ambos tendem a se confundir e, como já vimos anteriormente, se rotularmos o comportamento da criança como "birra", não precisaremos compreender o que está acontecendo com ela, apenas reprimi-la.

Ofélia Cardoso pesquisou durante vinte anos as razões pelas quais as crianças são encaminhadas a consultórios de psicologia. Sua mostra contou com 2.480 crianças de todos os níveis socioeconômicos e de três capitais brasileiras. As queixas mais comuns apresentadas pelos pais durante as primeiras consultas incluíam principalmente problemas relativos a aprendizagem, agressividade, nervosismo e enurese noturna. Após o psicodiagnóstico, descobriu-se que as causas dos comportamentos indesejáveis eram, na verdade, diversos tipos de medos – desde o medo do escuro e da escola até outras angústias diversas (inclusive um medo de comunistas, afinal antigamente era comum dizer que eles comiam criancinhas...). Por aí percebemos que há grande diferença entre as queixas iniciais e os motivos encontrados posteriormente. *Por que isso acontece?* Segundo Ofélia Cardoso, os comportamentos que mais incomodam os pais são vistos com mais nitidez e em primeiro plano. Assim, problemas de sala de aula ou referentes à escola ficam mais visíveis do que o medo que aterroriza a criança. Em seu livro *Angústia e medo na infância*, Ofélia constata que o medo aparece cedo na vida da criança, porém não é visto pelos pais como algo anormal. Por exemplo, uma criança de 3 anos que tem medo de cachorro é considerada normal. Mas, quando ela estiver com 10 anos, esse mesmo medo será notado pelos pais e amigos, transformando-se em motivo de chacota.

A maior incidência de "problemas" ocorre na idade escolar, quando as crianças começam a relacionar-se com seus iguais, sozinhas e livres dos cuidados constantes dos pais. Nessa hora aparecem os vícios de educação que, em casa, ficam mascarados. É o caso de crianças que gritam muito porque seus pais também o fazem. Seu comportamento não destoa em casa, mas destoará na escola, onde os amigos falam baixo. É mais fácil ver o que nos incomoda do que perceber a realidade nua e crua. Por isso, é muito mais comum que um pai pense que o problema de seu filho está relacionado à escola ou às amizades do que perceba que é responsável por essa situação em algum nível.

Freqüentemente, os pais se incomodam muito mais com a criança desobediente do que com aquela inibida, quietinha, que chora mas não dá trabalho. E as duas podem apresentar o mesmo problema, com manifestações diferentes. A criança que demonstra medo opondo-se ativamente à professora certamente será punida, especialmente se sua atitude for entendida como um braço de força. Especialmente se o adulto odiar ser desacatado. Especialmente se o adulto não agüentar ver uma criança com medo. Especialmente se o adulto...

Anos atrás, soube do caso de um menino que recebeu uma advertência por escrito e explicou à mãe: "A professora perguntou se eu queria ir à lousa, eu fiquei com medo de errar a matéria e disse que não queria; ela ficou brava e mandou você assinar este papel". A mãe telefonou à professora e fez a ponte entre esta e a criança: explicou que a recusa do filho estava relacionada ao seu medo de errar, e não a um descaso em relação ao aprendizado. A professora, pessoa muito sensível, logo se colocou do lado do menino, dizendo que ele não precisava se exigir tanto e dando a ele o apoio necessário. Meses depois, na reunião semestral, essa professora contou que não havia se dado conta do medo que as crianças poderiam ter de errar publicamente. Esse caso ilustra como a compreensão da atitude da criança pode alterar a resposta do adulto, facilitando ou complicando ainda mais a situação.

Os adultos quase nunca conseguem identificar o medo das crianças. Conseguem, sim, classificar seus medos explícitos (quando elas dizem o que sentem, por exemplo). Mas dificilmente, ao perguntar o que elas estão sentindo, levam em consideração a resposta. Nem sempre a criança consegue identificar o que sente. Na maioria das vezes, o medo vem disfarçado, pendurado em outros sentimentos, como tremores, gritos, agressividade verbal, vontade de ir ao banheiro, suor frio, enfrentamento da situação etc. Nesses casos, o adulto fica nervoso e corta a comunicação, tentando impor sua vontade. E sem comunicação a criança grita, chora, esperneia e, em último caso, morde, cospe e faz coisas para nos lembrar que ela está ali. Na realidade, o problema principal não é a birra em si, mas o que ela significa. Ao ser rotulada de "birrenta" ou "manhosa", a criança perde a chance de ser compreendida. O adulto, por sua vez, se vê na obrigação (e até no "direito") de tomar uma atitude incisiva para mostrar que é ele quem manda. Se a birra é vista como intencional e gratuita, o castigo é tido como a atitude mais adequada. *Mas será que uma criança consegue ter tanta clareza do que faz? Será que pensa no outro a esse ponto? Ou será que, na verdade, estamos nos precipitando ao julgá-la?*

Certas agressões chamadas de "birra", na verdade, induzem a um preconceito que impede a compreensão do que está acontecendo. Talvez porque os adultos não estão acostumados a pensar simbolicamente nas respostas ou, se você preferir, porque se esquecem de ler nas entrelinhas, questionando a coerência dos argumentos (coisa que, com certeza, não fazemos com adultos), achando-se no direito de julgar se a criança está falando a verdade quando se queixa de dor. Nesse contexto, a reclamação é desconsiderada em sua essência. Se a criança queixa-se de cansaço durante um trajeto a pé, a mãe diz: "Você não está cansada nada, cansada estou eu que trabalhei o dia todo", sem levar em conta o tamanhinho da perna da criança, que torna longo um caminho que para a mãe pode ser curto. Precisamos nos lembrar que as crianças possuem um ritmo e uma lógica próprios, que precisam ser respeitados.[1] *Mas e se fosse um adulto? Você não perguntaria a ele o que está acontecendo? Não se preocuparia com seu bem-estar? A esta altura dos acontecimentos, você não está se perguntando como é que chegamos a agir dessa maneira? Não está se perguntando por que algumas pessoas agem de forma tão ditatorial sem se darem conta do que estão fazendo? Será essa uma atitude intencional... ou uma defesa?*

A ansiedade, quando alcança níveis muito altos, impede o indivíduo de agir racionalmente. Seu aparelho psíquico disfarça a situação para que a pessoa possa vivê-la sem tanto ônus. A esses disfarces – verdadeiros dispositivos internos de defesa contra a ansiedade – Anna Freud chamou de "mecanismos de defesa". Essas alternativas para o indivíduo se proteger da dor psíquica que certas situações provocam são acionadas por nosso inconsciente quando a ansiedade alcança níveis insuportáveis para o sujeito. Como são mecanismos inconscientes, dificilmente nos damos conta de sua presença. E, se servem para nos preservar, podemos dizer que nem entramos em contato com o sentimento que nos maltrata. Nos momentos em que nos sentimos a ponto de desintegrar, quando o pavor, a dor e a angústia tornam-se maiores do que podemos agüentar, esses mecanismos nos tornam menos vulneráveis. Por exemplo, a perplexidade

---

[1] Janusz Korczak explorou amplamente esse assunto no livro *Quando eu voltar a ser criança*.

diante da morte de uma pessoa ajuda-nos a digerir a dor aos pouquinhos. Tais mecanismos também se encontram presentes nas crianças, por isso elas às vezes apresentem reações aparentemente sem motivo. Vamos gravar esta realidade: o fato de não entendermos determinada reação não significa necessariamente que ela não tenha um bom motivo para existir. E também não quer dizer que pais e professores tenham de fazer uma análise psicológica para entender as crianças, mas conhecer um pouquinho mais de psicologia pode ajudar. Anna Freud estudou dez desses mecanismos de defesa:

- **Fuga:** o próprio nome já diz que esse mecanismo incita a pessoa a fugir da situação. Isso só é possível quando o fator gerador da ansiedade está "fora" do sujeito. Por exemplo, é esse mecanismo que faz a criança não querer ir à escola no dia da prova. Ou que a faz brincar e não prestar atenção à explicação da professora, de modo a não se confrontar com seu desconhecimento. Descobrir o que o bagunceiro não sabe pode ser mais eficiente do que puni-lo ou mandá-lo para fora da aula.
- **Negação:** outra forma de reagir a um estímulo externo é negando-o. Por exemplo, a criança faz de conta que não sente medo do castigo e enfrenta a professora e os pais. Muitas vezes, para dar continuidade ao processo de negação, torna-se necessário desconsiderar aspectos fundamentais da realidade, o que pode levar a formas patológicas de ação. Em outras palavras, fingir que não ligamos para alguma coisa pode exigir que finjamos outras coisas também.
- **Deslocamento:** é quando transferimos para outra pessoa, ou coisa, um sentimento que nos pertence. Por exemplo, a

criança que cuida do bichinho de pelúcia porque "ele" tem medo de ficar no escuro. Ou a velha história: "Um amigo meu, não sou eu, quer saber se..."

- **Regressão:** nem sempre o motivo para ansiedade se encontra fora do indivíduo. Nesses casos, não adianta sairmos do local ou fazermos de conta que o problema não existe, já que a preocupação nos acompanhará. É justamente nessas circunstâncias que os mecanismos de defesa terão maior utilidade. É o caso da regressão, ou seja, do retorno a níveis de desenvolvimento anteriores. O exemplo típico é o comportamento do irmão mais velho quando nasce o caçula. O primeiro tende a regredir a estágios mais antigos, estágios pelos quais já havia passado, como querer novamente mamadeira, voltar a urinar na cama etc. Essas mudanças acontecem por causa do medo de perder o afeto dos pais e da raiva pelo nascimento de um "rival", somados ao amor e à curiosidade por aquele novo amigo. *Será que os pais gostam tanto dele porque é tão dependente?*

   Essa miscelânea de sentimentos faz que a pessoa tenha de voltar um pouquinho atrás para ultrapassar as dificuldades do momento. Reações dessa natureza podem aparecer na escola quando a criança estiver vivenciando em casa situações como a citada acima ou quando há casos de internação ou de doenças graves entre seus entes queridos. Essa criança precisa de afeto, compreensão e limites – dados com amor e firmeza, nunca com agressividade, já que ela não está suportando as emoções que a vida lhe apresenta.

- **Projeção:** é comum que, em vez de falar sobre seus medos, a criança diga que eles são de outrem. Por exemplo: "Professora, o Marquinhos está morrendo de medo de ser chamado na lousa". Pode até ser verdade, mas há também um bom motivo para essa criança falar sobre o assunto. Provavelmente o motivo é que ela esteja falando de si mesma, colocando no outro seus sentimentos.

- **Formação reativa:** Anna Freud cita um caso em que um menino vai ao médico, sente dor e se torna extremamente agressivo no consultório. Ela interpreta essa situação como se o menino se identificasse com a agressão vivenciada, por isso a repetisse. Ele reage com a mesma agressividade presenciada. *Será que isso não acontece com nossos alunos/filhos quando somos agressivos com eles?*
Esse é o caso de certas crianças que constantemente são repreendidas por questões de comportamento. Lembra-me o caso de um menino que era chamado constantemente na inspetoria da escola por motivos variados, desde por questões de comportamento até para responder a certos questionamentos da escola. O menino já estava se sentindo discriminado. Então sua mãe foi orientada a entrar em contato com a escola toda vez que seu filho fosse chamado na inspetoria, para tentar compreender o que estava acontecendo e, dessa forma, repetir com a escola a mesma coisa que a escola fazia com seu filho. No final da semana, a diretora reclamou com a mãe que não era para tanto, que ela não precisava ligar todas as vezes que alguma coisa acontecia. Resumo da ópera: muitas vezes as pessoas não percebem o que estão fazendo até que o problema as atinja. E a formação reativa é especialista em fazer o feitiço virar contra o feiticeiro, apesar de o feiticeiro nunca reconhecê-lo.
- **Repressão:** esse termo, em psicologia, significa a contenção de uma idéia que nos incomoda. Até aí seria fácil compre-

ender, não fosse o fato de que essa idéia vem sempre acoplada a um sentimento. Esquecer a idéia relaciona-se a deixar o sentimento dissociado de significado, vagando sem rumo. Esse sentimento costuma transformar-se em angústia (uma sensação ruim que não é explicada nem compreendida até que se restabeleça a relação sentimento–idéia).

Mas não há somente essa possibilidade, a carga afetiva pode "adotar" um disfarce para se expressar: a isso chamamos "sintoma". O sintoma nada mais é do que uma maneira de extravasar sentimentos. Ao aparecer o sintoma, desaparece a angústia, e vice-versa, pois ambos são formas diversas de lidar com a mesma emoção. O melhor exemplo para isso são as diversas doenças chamadas "psicossomáticas". Agora fica mais fácil compreender por que não adianta tratar somente o sintoma físico, já que o desaparecimento da dor física remete a um sofrimento psicológico que nem sempre a pessoa consegue suportar. Exemplos de doenças assim não faltam: a maioria das alergias, a gengivite (comumente associadas à depressão) etc.

- **Sublimação:** "sublimar" significa deslocar a finalidade instintiva conforme valores sociais mais elevados. Por exemplo, alguém com muita agressividade pode se transformar em investigador, ou promotor, ou cirurgião, ou atleta, todas profissões importantes e respeitadas em sociedades civilizadas.

A repressão e a sublimação seriam maneiras mais desenvolvidas de reagir, uma vez que ambas levam em conta regras e conhecimentos dos limites de cada pessoa. Agora dá para entender que certos sintomas aparentemente descabidos podem estar ligados a altos índices de ansiedade, e mexer com eles pode significar uma ameaça para o funcionamento psíquico da pessoa.

- Existem, ainda, dois outros grandes mecanismos que são considerados por Anna Freud como responsáveis pelo controle de nossos instintos e sem os quais todos desconheceríamos as leis básicas de relacionamento humano: são controladores de nossos desejos. Eles são **a reversão e a inversão do eu**, mecanismos mais complicados que não cabem no contexto deste livro.

A palavra *medo* é sinônimo de grande inquietação ante a noção de perigo real ou imaginário, de uma ameaça. Medo todo mundo tem e é normal. Anormal é não tê-lo ou tê-lo a ponto de paralisar as ações que precisamos ou queremos realizar. Para alguns psicólogos, o medo é uma forma de o indivíduo se proteger dos perigos da vida. No livro *Psicologia da criança*, Arthur Jersild trata do medo em crianças, bem como da correlação entre medos e experiências de vida. Seus estudos demonstraram que o medo é resultado de estímulos intensos e inesperados, para os quais o organismo não está preparado. Para chegar a essa conclusão, Jersild pediu às crianças que listassem seus medos e também as piores experiências de sua vida. Entre as duas listas havia muita discrepância. Por exemplo, 2% dos entrevistados citavam acontecimentos "terríveis" com animais, ao passo que 14% temiam animais – mas não os animais próximos, domesticados, e sim os selvagens, como leões, tigres, ursos, gorilas e lobos. Trocando em miúdos, a fantasia causava mais medo do que a experiência em si. Isso não quer dizer que experiências ruins não gerem medo posteriormente, e sim que o medo não está diretamente relacionado com fatos concretos.

Os medos raramente se relacionam com fatos objetivos ou angústias "verdadeiras". Por exemplo, na pesquisa de Ofélia

Cardoso, se o medo tivesse correlação direta com a vida, haveria altos índices de medo de atravessar a rua, bem como de assaltos e atropelamentos, cenas típicas de grandes centros como Rio de Janeiro, São Paulo e Belém. Entretanto, o medo mais citado nessa pesquisa foi o do escuro. Ou seja: os medos e suas manifestações são sintomas de nossas fantasias destrutivas. Ofélia conta em seu livro a história de uma criança que temia lobos e foi levada ao zoológico para ver o animal de perto. Depois, os pais perguntaram se ela continuava temendo tal bicho, e ela respondeu que não tinha medo daqueles lobos, mas dos lobos terríveis da Rússia! Isto é, continuava com medo do lobo de suas fantasias. No estudo de Jersild, as crianças também temiam animais distantes, que na verdade representavam processos internos agressivos. É o mesmo esquema das histórias de fadas, nas quais esses animais aparecem como perseguidores, levando a melhor na primeira parte e sendo duramente castigados no final. Essa estrutura das histórias é uma maneira didática de ensinar a criança a reprimir certos instintos e lidar com o medo de ser dominada por eles. Nesse contexto, o medo e suas manifestações passam a ser uma maneira de extravasar as fantasias interiores.

No livro *O significado da ansiedade*, Rollo May cita casos em que o medo aparece para disfarçar a ansiedade e outros em que altos índices de ansiedade estariam correlacionados com baixa auto-estima. Conclusão: baixa auto-estima gera mais medo. Se pensarmos no medo como resultado de fantasias interiores, veremos que essa colocação faz sentido. Pessoas com menos autoconfiança são mais povoadas de receios e fantasias interiores de fracasso e, conseqüentemente, têm mais medo de agir. Pessoas inseguras tendem a apresentar mais medos, a estabelecer relações mais "delicadas". Em geral, pessoas inseguras ou tímidas (como costumamos chamar) são aquelas que mantêm os olhos baixos, os ombros arcados, o olhar desconfiado, a fala contida. Crianças assim precisam ser conquistadas com calma, porque, em seu caso, o medo serve de proteção.

Nem só de imaginação é feito o medo. Segundo Rollo May, o medo também é resultado da decodificação dos perigos de uma situação, é um dispositivo que visa nossa proteção. Cada pessoa, porém, decodifica os perigos segundo suas experiências e suposições. Por exemplo, há o tão falado medo do desconhecido. Quem já cuidou de crianças pequenas ou observou-as sabe que é preciso muita atenção para evitar que elas se metam em encrencas, tal sua avidez em experimentar tudo que apareça pela frente – olhar pela janela, pegar facas ou tesouras, brincar com fogo etc. *Nesse caso, onde estaria o tal "medo do desconhecido"?* Poderíamos dizer que os pais precisam tomar cuidado justamente com a "curiosidade pelo desconhecido" que seus filhos têm. A experiência vivida ou aprendida é que regula o medo que nos protege, não o desconhecimento.

Há sempre uma mistura entre o que se sabe e o que se supõe, entre o medo causado por questões externas e a ansiedade causada por fatores internos. O medo pode ser a suposição de uma ameaça externa que se interioriza e se transforma em ansiedade. Uma vez presenciei um caso muito elucidativo: uma mãe aflita aguardava o filho, em pé, na sala de espera do dentista. A criança chega, saltitante e sorridente. A mãe pergunta como foi o atendimento, se tinha doído. A criança responde que não sentiu nada, e a mãe retruca: "Desta vez não, mas você vai ver da próxima". Contei essa história porque há uma lenda que diz ser a mãe (e a família, em geral) a principal causadora do medo. Se assim fosse, muitas mães estariam dormindo tranqüilas, porque seus filhos não estariam correndo riscos, e sim deitadinhos em suas caminhas, obedientes. É lógico que isso é uma ironia. Filhos não agem nem sentem segundo o padrão dos pais, apesar de esses padrões nortearem seu comportamento. Felizmente, senão o mundo não teria evoluído! No exemplo que citei, podemos perceber que nem toda a ansiedade da mãe conseguiu perturbar a relação de confiança estabelecida entre a criança e o dentista. Parte da reação da criança às situações externas é derivada do que ela aprende (principalmente com a mãe e a família), mas outra parte é derivada da própria criança, de seu mundo interno.

Para melhor entender o que significa mundo interno, vamos pensar na mãe que tem frio e quer que o filho se agasalhe. O filho, porém, não está sentindo o mesmo frio que a mãe. O clima é o mesmo para os dois, mas as sensações internas são individuais. Podemos ensinar a criança a se agasalhar, mas a grossura da malha será determinada pelo frio que ela sente.

Mas em que medida a influência da mãe pesa na educação do medo? Anna Freud relata que, durante a Segunda Guerra Mundial, crianças de até 3 anos não demonstravam medo durante os bombardeios se a expressão facial de suas mães fosse tranqüila, mas se as viam assustadas também se assustavam. Elas aprendiam que a bomba poderia ser responsável pelo pavor da mãe, mas mesmo assim não sabiam realmente por que as mães a temiam. Ela relata que, durante uma noite de bombardeios, todas as crianças dormiam tranqüilamente, inclusive as que já haviam presenciado a situação (e, portanto, poderiam precisar os riscos). Somente uma dessas crianças acordou chorando e, ao ser questionada sobre o porquê de sua reação, falou que tinha medo de ser esquecida pela mãe. Seu medo, portanto, não era o de morrer (o que chamaríamos de angústia verdadeira), e sim de perder o afeto (ou seja, uma fantasia). Angústia verdadeira é a percepção de que o mundo externo oferece perigo e ameaça de vida reconhecida. Essa angústia será tanto maior quanto mais seja conhecida a magnitude do perigo. Esse tipo de angustia incita o sujeito a tomar precauções. Não era esse o caso do exemplo. Os casos citados demonstram que podemos ensinar o que é perigoso, porém a decodificação do perigo será diferente de pessoa para pessoa.

Pelo que vimos até agora, o medo não está relacionado obrigatoriamente com as experiências vividas nem com fatos concretos, e sim com a vida interna, com os pensamentos e as associações do inconsciente. O atalho para um bom relacionamento entre a criança e o adulto passa pela boa comunicação. Muitas vezes, o medo desaparece quando estabelecemos contato com a criança. Às vezes, uma pergunta simples sobre como a criança se sente pode fazer diferença, pode fazer que ela se sinta acolhida e confie. Mas a fantasia não é só da criança. A pesquisa de Jersild apontou o medo de fantasmas e bruxas como o mais freqüente. O autor frisa que os medos chamados "imaginários" (ou seja, medos de coisas que não têm existência concreta) aumentam conforme a idade, o que significa que estão ligados ao desenvolvimento dos processos simbólicos. Essas são as chamadas "situações internas de perseguição", porque tememos o que está dentro de nós e tentamos colocar essa angústia para fora. O exemplo clássico é o medo de errar, quando a pessoa acusa alguém de a estar perseguindo, controlando ou exigindo dela determinada postura.

Em situações de medo, temos basicamente dois caminhos: a fuga ou o enfrentamento. Enfrentar quer dizer reagir com agressividade. Mas cada qual reage a seu modo. Um animal acuado normalmente é tomado pelo pânico, o que faz que se torne mais violento e feroz. A criança acuada também. Provavelmente xingará, chutará ou morderá, já que essas são as agressões mais fáceis para ela. Nesses casos, a criança se torna irreconhecível. O medo, apesar de não estar associado à inteligência, bloqueia os processos inteligentes. Por isso, é preciso que pais e professores tenham calma, paciência e firmeza para conquistar a pessoinha à sua frente. Já ouvimos muitos adultos falarem que a criança, após ser agredida ou levar uma bronca (como se fosse a mesma coisa), deixa-se levar "numa boa". Mas observamos que uma repressão se desdobra em medo, ira, receio e, algumas vezes, traumas que serão carregados ao longo da vida, dando muito mais trabalho para lidar com a situação depois. Ouvimos relatos de pessoas que sofreram com isso e, hoje, adultas, lembram com terror da experiência. *Isso realmente vale a pena? O que estamos ensinando a essas crianças? Será mesmo verdade que criança aprende apanhando? E o que ela aprende nessas circunstâncias?* Em nossas observações, a força física somente surte efeito quando o adulto posteriormente consegue entrar em contato com a criança, indicando que gosta dela e escutando o que ela tem a dizer. É de se perguntar se é necessária a agressão ou se podemos ir direto ao diálogo, para que o afeto possa circular.

Quero deixar clara a importância de estabelecer limites, isso é, de mostrar para a criança que ela vive em sociedade e, portanto, não pode fazer tudo o que quer. Mas há diferença entre ser firme e castigar/humilhar, entre dar uma ordem e acuar. Quero lembrar também que muitas crianças só são notadas quando fazem algo errado e, por isso, infringem regras o tempo todo, incluindo as da escola. Às vezes, agredir pode ser a única alternativa de se fazer presente. Portanto, podemos dizer que bater é uma reação do adulto que tenta fazer a criança lhe obedecer, que tenta conter os sentimentos com os quais não consegue lidar. Ou seja, *bater é a birra do adulto...*

Mentiras, enganos e fantasias

O POETA É UM FINGIDOR
FINGE TÃO COMPLETAMENTE
QUE CHEGA A FINGIR QUE É DOR
A DOR QUE DEVERAS SENTE

E OS QUE LÊEM O QUE ESCREVE
NA DOR LIDA SENTEM BEM
NÃO AS DUAS QUE ELE TEVE
MAS SÓ A QUE ELES NÃO TÊM
(FERNANDO PESSOA,
"AUTOPSICOGRAFIA")

> *Dizem que finjo ou minto*
> *Tudo que escrevo. Não.*
> *Eu simplesmente sinto com a imaginação*
> *Não uso o coração*
> (Fernando Pessoa, "Isto")

Muitas brigas entre crianças e pais e/ou professores estão centradas na mentira. Se bem que há várias dúvidas a respeito do que separa a mentira da fantasia e da malandragem. Parece que há um consenso: se for consciente, se for para se livrar de algo ruim, aí é mentira e deve ser punida! *Será? Será que nós nunca, nunquinha mesmo, mentimos para nos livrar de alguma coisa que podia estourar em nossa mão? Falamos a verdade sempre? Falamos a verdade incondicionalmente?* Claro que não! Muitas vezes mentimos para não ferir os sentimentos de pessoas que amamos: dizemos que o corte de cabelo não ficou assim tão ruim; que adoramos o presente e vamos usá-lo; vamos a compromissos que achamos pra lá de chatos etc. Agimos assim para nos livrar de algo que não queremos enfrentar, para não ferirmos alguém ou até para agradar.

Então por que achamos que as crianças devem falar sempre a verdade? Por que as castigamos quando elas dizem que não gostaram do que ganharam na frente de quem as presenteou? Ah! É uma questão de educação! É para não ferir os sentimentos de quem nós gostamos tanto! A mentira, nesses casos, é mais aceita do que a verdade. Talvez aí é que comece o problema: precisamos falar a verdade, mas temos de saber quando falar essa verdade. Ufa! Que confusão! Podemos contar na escola que papai e mamãe brigaram? Podemos contar que a operação era de hemorróidas? Podemos dizer que estamos sem dinheiro? Que papai foi despedido? Que alguém foi seqüestrado? Que meus pais batem em mim até deixar marcas e depois pedem para eu contar outra estória na escola? Qual é mesmo a verdade que eu tenho de contar? O que foi mesmo que aconteceu?

Há pesquisas que mostram o quanto as crianças podem ser influenciadas por fatos que não viveram realmente, mas são contados como se elas os tivessem vivido. Essa experiência foi feita com o intuito de mostrar que as crianças são influenciáveis e podem confundir fantasia com realidade. *Será que a linha entre fantasia e realidade é tão tênue em algumas casas que a criança já não sabe o que pode e o que não pode contar? E será que os adultos sabem? Mas o que faz o ser humano mentir?*

Em outras palavras, a criança começa a descobrir que aquilo que os pais fazem em casa nem sempre pode ser contado fora e, por isso, deve ser escondido/preservado. Provavelmente ela não saberá por que está escondendo alguma coisa – raramente os porquês são explicados aos pequenos, então eles têm "carta branca" para imaginar o que quiserem. Ocorre que só escondemos aquilo de que não nos orgulhamos, aquilo que nos denigre. A mentira cria uma teia de situações, idéias e condições que depois teremos de manter. Muitas histórias e filmes falam sobre isso (por exemplo, *Uma babá quase perfeita*). A mentira, portanto, diz muito sobre nossas vergonhas e nossos valores, já que escondemos ou enfeitamos o que não queremos que os outros saibam. Assim, a criança pode mentir sobre aspectos que a envergonhem, como o fato de o pai estar desempregado, de sua família não ter dinheiro para comprar determinado objeto de desejo que "todos os amiguinhos" têm ou sobre a nota na prova.

A princípio, a mentira é um recurso fácil, que evita que a criança tenha de passar por esforços ou penúrias. Quando a criança cola nas provas, por exemplo, tira notas altas. Quando precisar daquele conhecimento para aprender algo mais complexo, porém, não o terá. Portanto, a mentira produz também o efeito contrário, obrigando a criança a ter de se esforçar muito mais. Mentir também pode ser uma maneira de se proteger de situações complexas, das quais as crianças temem o desfecho, como as brigas entre os pais. Além disso, sabemos que as crianças podem mentir para imitar os adultos: se a mamãe diz que não vai falar ao telefone porque está com dor de cabeça, a criança descobre que esse subterfúgio pode ser usado para evitar situações que ela não quer resolver.

Mentir é dizer algo que não é verdade, com intenção de enganar. Assim, quem se engana ou se confunde sem estar consciente não mente, e sim transmite aos demais o próprio equívoco. Enganamo-nos muitas vezes com as limitações de nossos filhos ou daqueles que nos são caros. Temos dificuldade para reconhecer seus defeitos e acabamos nos surpreendendo por não aceitar os problemas de conduta que advêm daí. Negamos ou minimizamos os percalços de quem amamos, na suposição de que o amor, a convivência ou até as qualidades vão torná-los mais palatáveis, mas essa negação não é vista como mentira, e sim como romance: "O amor é cego", "Quem ama o feio bonito lhe parece".

"O engano está mais relacionado com atos falhos, com questões inconscientes, com mecanismos que o cidadão não consegue controlar, ao passo que a mentira pressupõe mecanismos conscientes e intencionais que visam proveito próprio". Isso significa que trocar as datas de determinado compromisso é engano, mas dar uma desculpa para não ir é mentira. Normalmente, quem dá a desculpa e não é descoberto acaba ficando melhor do que quem esquece o compromisso, pois este demonstra descaso (exceto se estiver passando por uma situação muito séria que o impeça de raciocinar normalmente). A diferença é saber se a pessoa pode ou não controlar seu querer e suas ações, se seus mecanismos de defesa são tão eficazes que agem além de sua consciência. O problema é quando os enganos ou mentiras servem a um propósito considerado menor.

"Se não há complacência, se o castigo é brutal, se as conseqüências são enormes, mentir parece ser uma solução plausível". Aqui incluímos os castigos físicos em todas as suas nuanças, bem como os castigos que humilham, mesmo que não doam fisicamente. Se contar a verdade me expõe, não vale a pena falar a verdade, já que serei punido da mesma maneira que seria caso fosse descoberto mentindo. Se não há acordo, não há solidariedade nem verdade. Isso não quer dizer que crianças e adultos não devam arcar com as conseqüências de seus atos, mas que a intenção da ação e a intenção de consertá-la devem ser devidamente avaliadas e pesadas na hora da punição. O adulto deve ensinar à criança que não existe somente o bem de um lado e o mal de outro. Caso ela não saiba disso, vai pensar que se não for boa é obrigatoriamente ruim – sem possibilidade de sair dessa categoria. Se isso acontecer, essa criança pode se sentir muito pressionada, decepcionando-se facilmente consigo mesma. Em situações assim, a criança pode se convencer que é "ruim" e desistir de lutar para ter seu lugar reconhecido. E essa é uma grande perda. Quando somos muito rígidos, não aceitamos nenhum deslize. Por isso, rapidamente perdemos o estímulo para chegar aonde queremos, pois cada pequeno erro é visto como um muro intransponível. É preciso lembrar que entre o branco e o preto há muitos tons de cinza. E que a mentira faz parte do viver em sociedade.

Com base em estudos sobre a mentira, é possível perceber que o mentiroso apresenta fortes alterações emocionais que mexem fisiológica e involuntariamente com seu corpo. Essas reações derivam da culpa e do medo de ser descoberto. Quem mente faz muita força para controlar suas emoções, mas algumas acabam fugindo de seu controle (pode ser a voz, os gestos, a linguagem do corpo etc.). Na tentativa de não deixar nada escapar, a pessoa tenta controlar todos os seus movimentos, fazendo que eles sejam excessivamente ensaiados e pouco espontâneos. Muitas vezes, quem mente sente prazer com o jogo de enganar. Por isso, se lhe dermos corda, enfeitará sua história com detalhes que por vezes não se lembrará depois, entrando em contradição. Segundo especialistas, fatos vividos são mais ricos em detalhes concretos, ao passo que fatos inventados são mais ricos em detalhes emocionais. É bom lembrar, porém, que não devemos cometer o erro de Otelo: o receio de ser desacreditada por seu marido era tão grande que levou Desdêmona a um arrebatamento emocional, identificado por ele como mentira – ou, em outras palavras, Otelo chamou de culpa o que era estresse. É difícil saber se alguém está mentindo sem conhecer essa pessoa muito bem – e, mesmo assim, podemos nos enganar, ainda mais quando falamos de adolescentes.

Todo mundo sabe que a adolescência é uma fase de muitas discussões entre pais e filhos, pois é quando estes querem a todo custo encontrar seu caminho, seus valores e suas verdades, o que os faz negar ou ir contra os valores e caminhos apresentados pelos pais. Para se sentirem "livres", os adolescentes querem ter segredos, que vão desde as conversas com os amigos até fumar ou namorar escondido – mesmo que os pais não tenham nada contra isso, pelo simples fato de tentar ter alguma coisa que pertença somente a eles. A mentira ou a omissão tem aqui um papel definido: delimitar o que esse adolescente pode, o que ele agüenta, o que ele é. É na adolescência que descobrimos se a educação oferecida pela família criou raízes – e se elas são profundas. Por isso, as regras devem ser claras e consistentes. Regras consistentes mostram que há um motivo para que a lei se instale, fazem que ela seja respeitada porque está a serviço do adolescente. Quando bem explicadas, as regras ajudam o filho a compreender a maneira de pensar de seus pais e, assim, incorporar seus valores.

Ter regras consistentes não quer dizer que tenhamos de cumpri-las sempre e a todo custo. Quando suas razões são claras, sabemos quando não devemos violá-las e quando devemos cumpri-las por princípio. Assim, sabemos que devemos escovar os dentes sempre após as refeições, mas se esquecermos a escova de dente em casa não vamos deixar de jantar por isso. Sabemos que podemos escovar os dentes depois, mas que transar sem camisinha nem pensar, porque as conseqüências podem ser definitivas. Aqui também entram as regras impossíveis: pedir a um adolescente para ele não namorar é pedir para ser enganado. É melhor delimitar o que pode e o que não pode, levando em consideração as características de cada idade. Se eles estiverem por perto, é possível saber o que está acontecendo e interferir caso seja necessário, por isso é muito melhor que não precisem se esconder dos pais. O adolescente e a criança não deixarão de fazer o que os instintos e a natureza pedem, mas se forem proibidos o farão escondidos e sem a supervisão dos pais. Há rituais que fazem parte da vida adulta em sociedade. Isso precisa ser respeitado. Não quero dizer que os pais devam deixar o filho adolescente beber a noite toda só porque seus amigos fazem isso, mas sim que precisam deixá-lo "achar a sua turma" e ir esclarecendo o porquê dos limites.

Não podemos, porém, esquecer que os jovens estão sujeitos à pressão do grupo e, por isso, podem mentir mais. Especialmente se forem pressionados por alguém que lhes é caro, alguém por quem querem ser admirados e aceitos. Dessa maneira, é importante que os pais conheçam as companhias dos filhos e avaliem com calma e constância como suas escolhas são feitas. Se o jovem precisa mentir para ser aceito, podemos nos perguntar em que tipo de relacionamento está se metendo. Já dizia Paulo Gaudêncio: "Ninguém é tão perfeito que erre sempre". Concluindo: mentir um pouco para conseguir privacidade pode ser considerado normal, mas não pode afetar os vínculos afetivos da pessoa nem fazer que ela se sinta embaraçada pelo que é. Aprender que a mentira tem conseqüências nem sempre agradáveis faz parte da vida. Mesmo porque encarar a realidade nem sempre é fácil.

Todos nós temos o chamado "pensamento mágico" (por exemplo, bater na madeira para "isolar", afastar alguma coisa ruim). Sabemos que esse pensamento não é suficientemente forte para nos salvar e que, para tanto, outros atos devem ser realizados. Mas usamos da fantasia quando deparamos com uma realidade desagradável, encontrando refúgio e alívio nesses pensamentos. *Quantos de nós, ao olhar o orçamento de um lado e as contas de outro, sentimos desejos impossíveis de serem realizados nessa conjuntura?* Quantas vezes sonhamos acordados em ganhar uma bolada e resolver da maneira mais fácil os problemas econômicos. Mesmo assim, não saímos por aí gastando tanto quanto gostaríamos. Aos olhos das crianças, porém, o desejo e a realidade estão muito próximos, quase como se a concretização do primeiro dependesse unicamente de vontade. Quando as coisas não dão certo, o fracasso é atribuído à onipotência dos pais: a culpa é da mãe, que não deixou; do pai, que impediu.

Abandonar a fantasia pode criar tal ansiedade que ativa os mecanismos de defesa vistos no capítulo 2. Segundo Anna Freud (1982), "a criança, fragilizada pela inveja e supostamente diminuída em suas qualidades, brinca de faz-de-conta pois se sente atacada e, dessa maneira, evita entrar em contato com aquilo que a ameaça"; assim, a realidade é negada e a fantasia complementa o que a criança gostaria que tivesse acontecido. Essa é a essência de muitos contos de fadas: a criança se identifica com histórias de pais carinhosos quando sua realidade é a de pais ausentes, assim como se sente vingada com a morte de um adulto que maltrata crianças quando na realidade a pessoa que a maltrata está viva.

Sigmund Freud estudou um menino (o pequeno Hans) que precisou negar a realidade por meio de suas fantasias, transformando-a de modo a ajustá-la às suas finalidades e a satisfazer seus desejos para só depois aceitá-la – o que mostra que, às vezes, fantasiar é uma maneira de criar condições para enfrentar a verdade (*apud* Freud, 1986, p. 63). *Diante desses dados, podemos aceitar as brincadeiras de faz-de-conta e as fantasias de nossos pequenos?* Claro! Fantasias são, muitas vezes, a única maneira de abrir horizontes. Mas, para os adultos, as fantasias são muito bem delimitadas: a criança pode fingir ser um cachorro, mas na hora de jantar ela deve se comportar direito. Essa diferenciação entre fantasia e realidade ajusta o lugar de cada um na vida cotidiana, impedindo que a pessoa adquira um automatismo ou uma obsessão. Mesmo porque, na vida adulta, fantasia e realidade são incompatíveis.

Cabe ao adulto não acreditar em tudo nem duvidar de tudo, mas saber que as crianças contam o que sentem, e não necessariamente o que aconteceu de verdade. Segundo Magdalena Ramos (*apud Veja*, 2001), o adulto só deve interferir se perceber que a criança tem o objetivo de fugir da realidade. Nesses momentos, devemos levar em conta que a mentira ajuda a passar por momentos realmente difíceis, e o ideal é mostrar paulatinamente à criança a diferença entre o mundo real e o imaginário – afinal, ela não está agüentando vivenciar a angústia que a vida lhe apresenta. É bom lembrar que crianças de 2 a 7 anos de idade costumam "colorir" os fatos, o que pode parecer, à primeira vista, que mentem. No entanto, elas possuem um código de ética muito rígido e, aos poucos, vão percebendo que a intenção de uma ação tem mais importância que seu resultado. Entre 4 e 5 anos de idade, as crianças começam a distinguir a ficção da realidade. Também é nesse momento que testam os limites de sua independência e aprendem a desafiar as autoridades e a se exibir para os amigos. Nessa idade, as crianças gostam de contar histórias e de inventá-las. Não são mentiras, na maior partes das vezes, e sim exercícios de liberação da imaginação. Mentem, sim, algumas vezes, mas para se safarem de situações desconfortáveis ou, simplesmente, para permanecerem em situações confortáveis (para ter mais tempo antes do banho ou de ir dormir, por exemplo). Pais e educadores devem estar cientes de que os pequenos não nascem com o senso moral de certo e errado e de que as mentiras fazem parte do desenvolvimento intelectual normal. É importante ajudar as crianças a lidar com a raiva e a expressá-la de forma não prejudicial, a lidar com os sentimentos sem mascará-los com mentiras. Só mais tarde, quando os sentimentos vão surgindo e sendo regulados, é que a vontade deixa de ser um simples "querer com intenção" e passa a ser uma escolha da forma de lidar com conflitos. Em outras palavras é por meio da vontade que a criança percebe a necessidade de resistir a uma coisa para conseguir outra e se torna capaz de escolher um caminho. Ai, esse eterno conflito gerado pelo desejo...

Antes de tudo, é importante saber que a fantasia está inconscientemente em plena atividade na mente normal. A diferença entre a normalidade e os estados alterados está:

- na forma e nos processos mentais pelos quais as fantasias são trabalhadas e modificadas;
- no grau de gratificação direta ou indireta que a pessoa consegue no mundo real;
- na adaptação a esse grau de gratificação.

A fantasia tem a finalidade de defender a criança contra a ansiedade, de inibir e controlar seus impulsos instintivos e de expressar seus desejos reparadores. Trocando em miúdos, é por meio do pensamento que escolhemos alternativas para lidar com frustrações, impedimentos e vontades. É na fantasia que podemos dar, impunemente, uma resposta grosseira a quem nos tratou mal; fantasiando armamos vinganças e treinamos o que dizer quando o Pierce Brosnan ou a Gisele Bündchen vierem falar conosco, mesmo que isso nunca aconteça. É também na fantasia que gastamos os milhões que vamos ganhar na loteria. A base da fantasia são as realizações alucinatórias do desejo (aquela mulher linda, sensual e independente que ouve sua opinião para tudo; aquele homem másculo que espera você escolher o que vai comprar sem reclamar), a identificação, a introjeção e a projeção (ver capítulo 2, "Birras e medos"). É por meio desses mecanismos que encontramos meios de lidar com nossos instintos, necessidades e desejos, sem ir contra as regras sociais e morais vigentes.

Qual é a diferença entre o desejo e a realidade? Desejo é o que almejamos, o que achamos que vai nos completar plenamente. Já a realidade mostra que, mesmo tendo isso ou aquilo, ainda sentimos falta de muitas coisas: quando estamos sozinhos, sonhamos que um amor poderia nos completar e nos tornar plenamente felizes; entretanto, mesmo que esse desejo seja realizado, ainda precisaremos de outros aspectos para atingir a plenitude (se é que algum dia a atingiremos). O complicado é que nem sempre sabemos o que desejamos, no sentido psicanalítico do termo, e podemos acabar desejando aquilo que nos traz infelicidade. Não, você não leu errado. Pode parecer estranho, mas é isso mesmo: há um caminho inconsciente que nos leva por meandros nem sempre claros, mas que, de alguma forma, fazem sentido interno. Então, se uma pessoa viu seus pais brigando a vida toda, pode ser que provoque brigas em seu casamento só para que ele se torne "conhecido e certo" a seus sentimentos deformados. Se seu companheiro não quiser brigar, essa pessoa pode interpretar sua atitude como indiferença e, portanto, como algo insuportável. Agora talvez seja possível compreender por que alguns tipos que parecem perfeitos não se encaixem em nosso coração: na verdade, o amor é o complemento de duas loucuras. Que loucura!

Nesse vaivém do desejo com o concreto, a pessoa faz sua história no inconsciente. A criança que sofre maus-tratos do pai deseja inconscientemente a morte deste. Por amar e odiar o pai ao mesmo tempo, ela quer desesperadamente se livrar dele, mas sem ter de fazer efetivamente alguma coisa contra ele. Então passa a desejar que ele morra acidentalmente. A criança imagina essa situação com tanta intensidade que passa a ver a cena do acidente e da morte do pai como se fosse uma verdade, inclusive podendo chegar a contar na escola que seu pai morreu. Talvez a professora, ao constatar que a criança mente, não saiba o que se passa dentro dela, mas sentirá, com um gosto estranho, a dor dessa criança. A morte que ela conta não é só a do pai, mas também a de um pedaço dela própria, que está sofrendo, morrendo, pedindo ajuda. Ela ouve a voz do desejo: desejo de ser libertada de um pesadelo, que daqui para a frente vai fazer parte de sua vida. É no desejo que as divagações podem desempenhar uma função, ampliando por vezes as fronteiras de uma realidade demasiadamente estreita. É no desejo e na fantasia que posso encontrar uma saída para minha existência. Só que fantasia e realidade não são compatíveis na idade adulta. Pelo menos, é o que acabamos pensando. *Mas o que dizer da mulher que não acredita que o namorado quer realmente terminar com o namoro e fica elocubrando desculpas para tal ato? Ou do marido que, apesar das evidências, não reconhece que está sendo traído?*

    Mentir um pouquinho, vá lá. O problema é quando começamos a acreditar em nossas mentiras, virando atores com papéis ocos, inconsistentes e fragmentados, como se fôssemos personagens de nossa vida. Pior ainda é quando a mentira é mais abrangente do que a realidade, deixando o enganador na posição de ter de controlar tudo para não cair em contradição. "Os indivíduos que possuem idéias persecutórias são muito sensíveis a críticas e inovações que servem de base real para seus delírios, as quais muito distorce para servir a esse fim" (Santos, s/d). Perseguido porque sabe que não diz a verdade, tenta de todas as maneiras controlar o externo, já que o interior (sua propensão a falar mentiras) está fora de controle. Teme se perder e acabar confessando tudo. Mais do que a mentira, a tentativa de não ser descoberto exige a vigilância da própria fala, o que gasta muita energia. Além disso, essa peça é montada para que os demais a admirem, mas, em contrapartida, o sujeito se menospreza, piorando sua auto-estima. O mentiroso "possui também um misterioso desânimo, a progressiva languidez que a simulação produz. Seu afã de fazer bonito produz o efeito contrário: a decepção. O mentiroso se sente desprezado e se desgosta, gerando uma desconfiança muito difícil de ser superada" (Catalán Bitrián, 2005). Em outras palavras, devido à insegurança de se mostrar como é, a pessoa inventa um personagem que poderá agradar sua platéia. "Esse personagem suplanta o *eu*, pois sua personalidade se instala numa base inautêntica muito perigosa: a admiração, as impressões e os valores arrancados dos demais nunca poderão ser saboreados pelo *eu autêntico*, apenas pelo *eu falso*" (Catalán Bitrián, 2005). A cada elogio recebido, portanto, essa pessoa se sentirá ainda pior, pois sabe que não os merece. "Como a sede de mérito nunca se sacia com esse procedimento, cada vez mais a pessoa fica desequilibrada e insatisfeita. E cada vez mais encontra motivos para curar-se com o remédio que agrava seus sintomas – a mentira" (Catalán Bitrián, 2005). O mentiroso cai, então, num círculo vicioso: como ganha crédito com suas mentiras, sente que sua personalidade real não é digna de crédito e mente ainda mais para ter valor e ser admirado.

A questão central é a confiança, especialmente nas relações mais íntimas. *Como confiar em alguém que não nos diz a verdade? Como achar que alguém nos ama de fato se não nos deixamos conhe-*

cer? O mentiroso, portanto, afasta-se e afasta de si aquele a quem deseja impressionar. Na pessoa psicótica, a mentira provém da "realização de desejos" pelo abandono do juízo de realidade, ou seja, para realizar seus desejos a pessoa passa a construir um mundo irreal de acordo com suas necessidades e vontades. O mentiroso foge do conflito com a realidade (que lhe traz desprazer e angústia) pela negação desta e não precisa reprimir o impulso instintivo que o conduziu ao conflito e sim as percepções que lhe oprimem o desejo. Explicando melhor: a pessoa comum quer algumas coisas, mas percebe que não as poderá ter naquele momento e acaba criando mecanismos para agüentar tal frustração. É o mesmo princípio de quando levantamos cedo para trabalhar ou estudar, de quando trabalhamos todo dia para receber o salário no final do mês ou de quando resolvemos juntar dinheiro para comprar alguma coisa: fazemos algo chato para conseguir alguma coisa legal depois, e escolhemos uma saída em detrimento de muitas outras. Esta é a realidade: não dá para ter tudo na hora em que queremos, para realizar nossos desejos, temos de passar por alguns passos antes. Então a pessoa opta por desprezar a realidade que lhe traz conflitos e, para tanto, nega suas percepções da realidade. "A ruptura com a realidade (porque é necessário cindir-se com a realidade para viver no mundo da fantasia) é o retorno à vida regressiva (de quando achávamos que conseguiríamos tudo o que precisássemos só com nosso querer), de forma que a pessoa retrocede àquele estado em que os desejos se realizam de modo alucinatório" (Santos, s/d). Em outras palavras: vivendo o faz-de-conta como se fosse realidade, a pessoa consegue realizar seus desejos sem conflitos, mas o preço é a cisão com a realidade, o eterno temor de ser descoberto, a angústia de não se sentir completo nem quando elogiado, a solidão de nunca poder confiar completamente em alguém. Nesse último estágio, precisamos de profissionais competentes e de tempo para poder reverter ou melhorar o quadro. Quando o hábito de mentir ainda não chegou ao extremo, "a cura do mentiroso é substituir a mentira pela busca da excelência. Reconhecendo sua necessidade de brilho e atração, ele deve dedicar-se com firmeza a melhorar seus méritos verdadeiros (profissionais, culturais, sociais etc.) com suficiente persistência (já que a impaciência o fez mentir) e segurança" (Catalán Bitrián, 2005).

Nem todas as mentiras são ruins. Algumas, por exemplo, ajudam as crianças a se desenvolverem – por exemplo, quando fingimos que não as estamos encontrando no esconde-esconde. "A criança gosta de jogar, de ver a reação assombrada de um adulto ante o fato de ter sido enganado (no esconde-esconde ou numa pegadinha). A atividade lúdica explora os sentimentos de surpresa, assombro e prazer, da mesma maneira que põe em marcha alguns processos cognitivos que estimulam a criatividade" (Díaz, s/d). Alguns adultos, por sua ansiedade, não se deixam enganar e criam a ilusão de que o adulto sabe tudo e de que dele não é possível esconder nada – nem coisas, nem sentimentos, nem pensamentos –, o que pode resultar em paranóia na criança.

Eventualmente é preciso tolerar mentiras, já que existe outro aspecto desse comportamento que é inclusive formativo: a necessidade de configuração da subjetividade e da criatividade. Por essa razão os pré-adolescentes querem ter segredos e são capazes de mentir para guardá-los; sentem necessidade de esconder certas coisas dos pais, a fim de provar sua liberdade e autonomia. A maneira de lidar com essa situação é ensinar ao adolescente o momento em que o segredo, mesmo que seja o do amigo mais próximo, deve ser traído: em caso de risco de morte, de acidentes, de ferimentos graves, de perda da integridade. Mas o adulto só será escolhido para esse tipo de conversa se o adolescente sentir que ele conseguirá ouvi-lo, respeitá-lo e ajudá-lo. Por isso, é importante que os castigos sejam moderados e não inspirem medo, caso contrário o adolescente preferirá lidar com a probabilidade de um risco do que com a certeza de um castigo implacável. Segundo Díaz, "a mentira para enganar é a mais comum e a mais perigosa, predominando em famílias com pais severos, que castigam as crianças com freqüência; muitas vezes, para fugir da punição, a criança culpa outras pessoas ou até animais, o que prova mais uma vez que castigos rígidos e físicos não dão bons resultados. O jeito é ter tranqüilidade e firmeza, evitando a presença de outras pessoas e ouvindo sempre as razões da criança; em seguida, é preciso mostrar-lhes o que fizeram de errado e, se necessário, repreendê-las. A seguir, é fundamental perdoá-las." É importante que as crianças saibam que os pais as amam, mesmo quando estão bravos ou decepcionados.

Para finalizar, vamos falar das "mentiras diplomáticas", aquelas ensinadas, porque há vezes em que a verdade fere os sentimentos de pessoas. Mas é preciso explicar para a criança o porquê de tal ato: agradecemos o presente não pelo presente, mas pelo carinho com que a pessoa procurou alguma coisa que nos agradasse; agradecemos a comida mesmo sem gostar porque alguém se preocupou conosco; e assim ensinamos os pequenos a valorizar o esforço acima do resultado. Para uma criança que está começando a aprender, que erra muito e quer desistir por se achar incompetente, aprender o valor da intenção e do esforço é importante. Com isso, ela percebe como uma mentirinha pode tirá-la de alguns apuros e aprende a se virar. Aí descobre que existe uma mentira que é sinal de honradez: a mentira altruísta para não dedurar um amigo. Os pais e professores ficam bravos e ameaçam, mas os pré-adolescentes e adolescentes sabem o quanto é importante a solidariedade nos casos em que um amigo pode ser comprometido. Esse tipo de solidariedade, em algumas situações, é fundamental.

Vergonha e hiperatividade

COMECEI A ESTUDAR A VERGONHA AO PERCEBER QUE MUITOS DE MEUS PACIENTES COM PROBLEMAS DE COMPORTAMENTO — AQUELES MENINOS[1] QUE, NA ESCOLA, ERAM "IMPOSSÍVEIS" E, NO CONSULTÓRIO, MOSTRAVAM-SE DOCES E COMPORTADOS —, NA VERDADE, AGREDIAM COMO REAÇÃO DIANTE DE UMA SITUAÇÃO QUE LHES PARECIA SEM SAÍDA. INTERESSANTEMENTE, REAGIAM À VERGONHA. VERGONHA PELA MANEIRA COMO OS PROFESSORES OS VIAM.

---

[1] Uma explicação: quando digo "meninos", baseio-me nas considerações de Elisabeth Harkot-de-La-Taille no livro *Ensaio semiótico sobre a vergonha*. Segundo a autora, há diferenças gritantes na maneira de mulheres e homens reagirem à vergonha: as primeiras tendem a se deprimir, os segundos tendem a agredir.

Vergonha por não conseguirem aprender da mesma maneira que os demais. Vergonha de perguntar o que não compreendiam. Por causa da vergonha, esses meninos cada vez mais ficavam à margem das explicações, portanto defasados da sala, criando um círculo vicioso de exclusão e isolamento. Essa era a fórmula certa de os perdermos. Dessa forma, meus meninos envergonhados – sem saber o que fazer com este sentimento que rasga por dentro e diminui a auto-estima – agrediam quem os rotulava. Ou, em outras palavras, desqualificavam quem os envergonhava, na tentativa de fugir do sentimento de impotência.

    O sentimento de vergonha não possui um antídoto. Se você se sente culpado, o ato de confessar pode aliviar seus sentimentos, mas a vergonha precisa ser ultrapassada. *Mas como?* Primeiro, precisamos entender como a vergonha se instala e em quem ela é mais forte. Pasmem: a vergonha atinge diretamente os mais exigentes consigo mesmo. *Tem lógica?* Aqueles que almejam ir longe, aqueles que se exigem bastante são os mais ansiosos e os mais envergonhados. Tão ansiosos que não dão tempo de as coisas acontecerem. Talvez seja a dificuldade de compreender que aquisições acontecem aos poucos e com método e persistência. Isso quer dizer que ninguém sai de uma aula sabendo tudo, é preciso ler para dominar os assuntos, são necessários exercícios para conseguir chegar aonde se quer. Costumo dizer que fazer um gol parece fácil: 21 metros quadrados de área para acertar. No entanto, os jogadores profissionais levam anos treinando vários tipos de chutes para ter resultado. *Na vida, as coisas não são muito diferentes – ou você acha tranqüilo fazer entrevista de emprego? Fácil expor sua opinião em reuniões de trabalho? Confortável pedir aumento?* Conseguir as coisas não é tão fácil quanto parece. Talvez por isso tanta gente minta. Mentimos quando não conseguimos o que valorizamos, mentimos porque a verdade nos embaraça.

Não há sentimento de vergonha sem sentimento de inadequação. E o sentimento de inadequação nos remete à impotência, às rotulações e sensações de desamparo. Dá vontade de sumir. Talvez por isso algumas pessoas agridam. Atacam por vergonha, por não saber aonde ir. Investem contra aqueles que as excluem para não sentirem a dor da exclusão. E mesmo "revidando" nos sentimos tão ínfimos! *Por que nos sentimos tão insignificantes?* Talvez até pior que isso: sentimos-nos *incapazes*. Incapazes de conseguir aquilo que almejamos. E nos envergonhamos por nossa incapacidade. Somos juízes, jurados e réus contra nós mesmos. Não temos chance alguma. Por isso o gosto amargo.

O que causa vergonha? Segundo Elisabeth Harkot-de-La-Taille, temos receio de nos expor, do que os outros vão achar. Temermos nossa própria consciência que não nos dá sossego. Nesses momentos, sentimos uma tristeza profunda, às vezes seguida de crises de desespero e desejo de desaparecer para não ter de enfrentar determinadas situações. Às vezes sentimos vergonha por algo que aconteceu em público. Outras, por algo que ninguém sabe, apenas nós. Temos medo do ridículo. Esse tipo de medo está associado ao temor de algo que o sujeito não consegue controlar nem prever e, por isso mesmo, projeta uma imagem aterrorizante. Há também outras razões pelas quais nos sentimos envergonhados. Por exemplo, quando idealizamos uma maneira de ser que não coincide com a realidade, mas não conseguimos alcançar essa perfeição. Essa "imagem virtual" é superior à imagem real e, dessa maneira, podemos nos sentir inferiorizados. Idealmente, uma mulher pode querer ser mais magra, mais bonita, ter mais sucesso, por exemplo, acreditando, assim, que ao atingir todos esses parâmetros poderá impressionar o homem que deseja ou pessoas que admira. Basta, no entanto, um olhar mais atento para perceber que o que queremos é sempre maior do que o que conseguimos. Pelo menos num primeiro momento. Talvez porque o que queremos nem sempre é o que conseguimos. Por exemplo, uma menina quer ser magra para conseguir um montão de namorados. *Mas será que a coisa acontece dessa maneira? Será que todas as "magras" conseguem os namorados que desejam? E se continuarmos envergonhados mesmo sendo magros?*

É bom lembrar que o "envergonhado" tem a sensação de não conseguir se ver livre do olhar do "outro", aquele capaz de olhar suas entranhas e descobrir todas as suas artimanhas. A vergonha é um sentimento que não passa com o tempo nem cede ao confessionário. Por isso mentimos: tamanha é nossa insegurança que não temos coragem de lidar com a verdade. Mentimos para não encarar a realidade, que nos "denigre" por dentro e por fora. Dessa maneira, tornamo-nos reféns de uma situação que nos envergonha por um lado e nos amedronta por outro (tememos que a verdade seja descoberta). Situações como essa nos deixam paralisados. Outra vertente da vergonha é a humilhação, bem mais complicada porque pressupõe que alguém tem ascendência sobre o outro de tal forma que impossibilita o "envergonhado" de se mexer. Muitas vezes não há o que ser feito durante a humilhação, como no caso de um assalto, o que piora muito as emoções envolvidas. Mas sempre há o que ser feito depois: podemos tentar entender aquela situação, saber o que ela nos despertou e aprender a lidar com problemas semelhantes. Mas, voltando à vergonha, podemos refletir o que realmente os outros vêem em nós, que nos deixa sobressaltados. *O que você deseja? O que você valoriza?* Parecem perguntas óbvias, mas não são. Já ouvi muita gente brincando: quando eu ficar magra, vou comer até sair pelas orelhas. Quer dizer, ela não quer ficar magra, quer é poder comer sem culpa.

A vergonha exige que o sujeito tenha consciência de si. E perceba que os demais têm formas diferentes de ver e julgar o que acontece. E esse é realmente o problema: não nos reconhecemos no olhar do outro, a sensação é que não é nosso "eu real" que está sendo olhado. E percebemos que não somos o que pensávamos. Digamos que isso arranhe nosso "eu ideal". Pensamos que somos de uma maneira e de repente nos damos conta de que não fomos capazes de alcançar aquilo que imaginávamos e desejávamos. Descobrir esse tipo de engano pode gerar imobilidade ou repúdio. Por que, como diz Elisabeth Harkot-de-La-Taille, "a confiança em si mesmo é negada, ou seja, [o indivíduo] desconfia de si mesmo e de tal capacidade de projetar a 'boa imagem'". O sentimento oriundo dessa inquietação diz muito a respeito de como somos e como nos vemos. Podemos nos sentir humilhados, impotentes, temer o ridículo ou nos indignar, dependendo da situação, por um lado, e do contexto, por outro.

O estudo da vergonha quase sempre vem associado ao estudo da moral. Isso acontece porque é a moral que determina nossos valores, e são eles que determinam nossa vergonha. Explicando melhor: se a pessoa for honrada, terá vergonha de dúvidas que firam sua honra. Se ela for acusada de roubo, por exemplo, um sentimento profundo de vergonha pode ser desencadeado até que se prove sua inocência. A simples dúvida sobre seu caráter pode gerar vergonha. Podemos dizer que nem todos têm "a mesma vergonha". O código moral de cada um é diferente. Isso quer dizer que avaliamos a vida de maneira diversa. *Mas o que determina essas diferenças? É somente a cultura em que cada um foi criado?* Segundo Piaget, as diferenças têm que ver com o desenvolvimento cognitivo da criança. Para ele, os seres humanos nascem sem senso moral desenvolvido e, num primeiro estágio, não consideram nenhum tipo de lei. A essa fase, chamou de *anomia* – ou ausência de lei. Ao conviver com seus pares, a criança percebe que há uma lei que deve ser seguida. Essa é a fase da *heteronomia*, ou da lei fora do sujeito, dissociada do ser – a lei pela lei. Nessa época, a criança é mais rígida, segue o que lhe é apresentado sem questionar, achando que as leis estão acima da vida e da morte. Há um teste no qual se pergunta a uma criança se um homem que não tem dinheiro para pagar o medicamento que salvaria a vida de sua mulher tem o direito de roubá-lo. Na *heteronomia*, a criança acha que a lei está acima da vida, do bem e do mal. E, finalmente, a maturidade traz a percepção de que a lei existe para o sujeito e emana do coletivo para o coletivo. Dessa forma, chega-se à próxima fase estudada por Piaget: a *autonomia*. Nesse momento, o sujeito segue as leis, mas também pode pensar sobre elas, pois sabe que são feitas pelos cidadãos e para os cidadãos. A pessoa segue a lei para cooperar com o grupo onde está inserida. É nessa fase que o indivíduo pode questionar algumas das regras que lhe são impostas.[2]

Quando eu fazia grupos de atendimento com mães e ouvia a frase "Apanhei sim, mas merecia", ficava pensando em que tipo de avaliação essas mães faziam de si mesmas. A resposta

---

[2] Essas etapas estão muito bem resumidas no livro *Conto de escola*, de Ulisses Araújo.

que me satisfez vem de Piaget, que defende dois tipos de moral: "a coação, quando o sujeito age de determinada maneira com medo da punição" e "a cooperação, com seu ideal de reciprocidade tendo o respeito mútuo como complementar" (Araújo, 1999, p. 35). Creio que os cuidadores que usam métodos coercitivos na educação – e espancar é um deles – ainda lidam com o mundo na base da coação. Em outras palavras, seguem as leis que lhes foram ensinadas, sem refletir sobre elas. Mas só consegue pensar sobre sua educação quem chega ao nível autônomo de pensar a respeito das regras que lhe foram impostas. Nesse nível, é possível lembrar-se do que lhe aconteceu e julgar, agora com o olhar de um adulto, suas lembranças de criança. Nessa avaliação, é preciso repensar sua educação, rever acertos e erros.

Concluindo, é preciso chegar à autonomia para avaliar nossa vida e escolher o caminho que vamos seguir e o que vamos descartar. Mas nem todos chegam a essa etapa facilmente. Em muitos casos, a família simplesmente repete o que vivenciou, sem críticas, sem acréscimos. E, como já vimos, as pessoas repetem aqueles comportamentos/sentimentos não resolvidos. Repetem o que ainda não entenderam. Batem porque apanharam, ou seja, não têm argumentos e repetem seus pais, na vã tentativa de compreendê-los. Xingam os filhos porque foram xingados, mas não se lembram do quanto ficaram magoados. Esses pais, quando relembram sua infância e se permitem pensar sobre o que experienciaram, passam a compreender melhor seus filhos, a ouvi-los. Ouvir é um santo remédio, pois mostra ao adulto que as limitações da criança não são meras agressões, tendo que ver com outras questões como impossibilidades diversas, medos etc. Mostra que os atos das crianças nem sempre são para irritar os mais velhos, mas fazem parte de um conceito maior que precisa ser decifrado para que possamos lidar com o problema de outra maneira. E é essa compreensão que permite à dupla adulto–criança se apoiar mutuamente e ultrapassar seus limites.

Há pesquisas que apontam maneiras diferentes de lidar com a justiça, já que cada sexo vê o mundo segundo algumas prioridades. Nesse sentido, Carol Gilligan percebeu que a justiça variava entre os sexos: "os homens priorizam o princípio da justiça, enquanto as mulheres priorizam o cuidado, a preocupação, a responsabilidade para com os personagens envolvidos nos conflitos" (Araújo, 1999, p. 44). Em outras palavras, as mulheres privilegiam a ética do cuidado. Dessa maneira, a moral humana seria o somatório dessas duas formas de pensar. Yves de La Taille categorizou sete tipos diferentes de vergonha:

- **Vergonha pura:** quando sentimos inquietação pelo fato de sermos observados. É a vergonha que sentimos quando nos percebemos olhados; por exemplo, numa paquera.
- **Vergonha-meta:** quando estabelecemos uma meta e não conseguimos alcançá-la; por exemplo, emagrecer dez quilos em oito semanas ou elaborar uma dissertação de mestrado em dois anos. Esse tipo de vergonha está associado ao sentimento de fracasso: mesmo que consigamos realizar grande parte do que pretendíamos, se não conseguirmos tudo nos sentimos totalmente incapazes.
- **Vergonha-norma:** quando tememos por não seguir determinada norma; por exemplo, uma norma religiosa.
- **Vergonha por contágio:** quando a vergonha é desencadeada por um ato de outra pessoa, sentimo-nos contaminados por uma vergonha que é nossa; por exemplo, ter vergonha

da postura do filho, da roupa da mãe, da opinião do namorado. É como se nós fossemos parte de outras pessoas.
- **Vergonha-padrão:** quando não seguimos determinado padrão; por exemplo, quando não temos o peso "certo", não vestimos a roupa "adequada". Pode ser que o observador ache outra coisa, mas "eu" me sinto péssimo. Lembro-me de um lindo menino negro que era preconceituoso. Ele me dizia: "As pessoas riem de mim". E eu respondia: "Não riem *de* você, mas riem *para* você, porque você é muito bonito".
- **Vergonha de ação:** quando nos envergonhamos por alguma coisa que fizemos.
- **Vergonha-humilhação:** quando nos sentimos humilhados. Segundo Yves de La Taille, a humilhação só começa a ser sentida por volta dos 9 anos.

Algumas pesquisas mostram que a criança começa a sentir vergonha ao se reconhecer no espelho, ou seja, quando se percebe observada. Concomitantemente, começa a se esconder de corpo inteiro nas brincadeiras de esconde-esconde. Tem vergonha porque se percebe olhada, porque percebe que pode ser julgada. *Por que não podemos ser como somos? Não podemos? Como assim? Será que a avaliação que aquela pessoa faz de mim sou eu mesmo? Será que nos desconhecemos tanto assim? Ou será que o problema é o fato de não sermos como nós mesmos queríamos ou idealizáramos?* A idealização não tem por base a realidade. Quando as crianças brincam que são adultas, imaginam casamentos felizes e carreiras bem-sucedidas, não existe nenhuma dificuldade com a qual não saibam lidar. Na fantasia, tudo é perfeito. E este é o problema: quando pensamos em um ideal, tiramos as dificuldades do meio do caminho. Na imaginação, tudo é um mar de rosas. Um mar de rosas, no entanto, é algo lindo de ser visto e impossível de ser penetrado, visto ser cheio de espinhos. Um mar de rosas é algo que parece bonito por fora, mas por dentro é cheio de dificuldades, entraves e dores. Acontece que as crianças não conhecem as dificuldades inerentes às conquistas. Para elas, tudo parece tão fácil! É como se pais, mães, tios e professores conseguissem o que querem e aprendessem o que precisam sem nem suar, sem fazer esforço. Isso as faz se sentirem incapazes, porque precisam estudar muito para conseguir ir bem numa prova, para aprender uma continha etc.

É claro que nem todos têm as mesmas dificuldades. Aprender, porém, requer esforço, concentração e treino. E paciência por parte de pais e educadores, pois nem sempre as crianças sabem que tipo de esforço é preciso. Lembro-me de uma mãe analfabeta que queria que o filho aprendesse a ler. A cada vez que ele dizia não conhecer uma letra, ela batia nele. Com o tempo, esse menino ficou tão desesperado que não conseguia mais se concentrar e, claro, não conseguia aprender. Foi só tirarmos o cinto de cima da mesa que em dois meses o menino estava lendo. Uma criança que passa por esse tipo de cobrança não consegue prestar atenção na aula, pois sabe que ao voltar para casa pode apanhar. Por isso, fica inquieta como se tivesse pó-de-mico na carteira. Aí está a correlação entre hiperatividade e vergonha. Crianças que apanham muito, que estão preocupadas com problemas maiores do que elas, ficam inquietas. *Você não ficaria?* Lembro do caso de uma menina que não parava quieta nem na sala de psicoterapia. Com tato, a psicóloga começou a investigar o que a incomodava e, depois de algumas sessões, descobriu que seus pais brigavam muito à noite, a ponto de ameaçarem matar um ao outro. A coitada da menina achava que precisava ficar acordada para evitar que um dos pais matasse o outro. Dessa forma, ela não dormia havia algum tempo. *Como você ficaria nessas circunstâncias? Sereno? Ou agitado?* Crianças hiperativas são crianças angustiadas com alguma coisa. São crianças preocupadas com a família. São ansiosas. E crianças ansiosas são perfeccionistas e exigentes – facilmente envergonháveis, portanto. Por seu comportamento, contudo, são as mais agredidas verbal ou fisicamente por pais e professores, o que aumenta sua angústia.

Vergonha e culpa são pilares da convivência em grupo porque determinam o que podemos e o que não devemos fazer, levando em consideração o grupo. Cada grupo tem um código próprio. A culpa é quando nos sentimos mal por ter feito algo que afeta alguém importante para nós. A vergonha, segundo Yves de La Taille, é o regulador moral de uma sociedade. São normas, aceitas pelo grupo, que determinam comportamentos, ações e princípios. É a vergonha o regulador da sociedade: o receio que um indivíduo tem de ser avaliado por seus pares é mais eficaz que o medo da punição. Notadamente, é o "medo moral" de decair perante os olhos dos outros, especialmente das pessoas respeitadas. A vergonha é o sentimento que nos liga ao grupo, porque considera a opinião do outro. Por isso é um sentimento que nos leva à cooperação e ao respeito mútuo. De acordo com Yves de La Taille, tanto a culpa quanto a vergonha dependem do contexto social, da interiorização de valores e da consciência do sujeito. Portanto, ambas podem ser antecipadas, previstas.

Segundo vários psicólogos, o peso da culpa está em guardar um segredo. Portanto, a expiação acontece quando o fato é contado a alguém. Já a vergonha não pode ser amenizada, é preciso ultrapassá-la. A culpa é da ordem do proibido, a vergonha é da ordem do idealizado. A primeira e mais fundamental diferença entre culpa e vergonha diz respeito ao sujeito: na culpa, alguém cometeu algum ato de violência contra uma ou mais pessoas; na vergonha, o sujeito é julgado por seus pares. Na culpa, portanto, *o outro é o objeto da ação*; já na vergonha, *o outro é juiz da ação*. O outro é juiz porque nós o colocamos nessa posição. Não damos a qualquer um o direito de ser nosso juiz. Só àqueles a quem amamos e queremos impressionar. Para que um indivíduo seja juiz, ele deve ser estimado, deve pertencer ao grupo daquele que será julgado – ou ao grupo que este gostaria de pertencer. Nesse caso, pais, irmãos e professores cabem direitinho no papel de juízes. Agora imaginem o rombo que é para uma criança ver que esses juízes pensam que ela não é capaz, que não vale nada e não é digna de atenção. Por isso, da próxima vez que for destratar um filho, ou um aluno, pense muito bem: você pode estar contribuindo para o fracasso desse serzinho.

Elisabeth Harkot-de-La-Taille estudou a literatura e distinguiu quatro maneiras de a vergonha ser superada:

- **Esquecimento ou negação:** a maneira mais comum de lidar com a vergonha é esquecê-la ou fazer de conta que nada aconteceu. Nega-se o fato a ponto de desconfiar da realidade. Mas, ao esquecer ou negar, temos de impedir que a emoção apareça e, dessa forma, começamos a restringir nossas conversas, nosso contato social, nossa vida como um todo.
- **Humor:** esta é uma forma tranqüila de lidar com a vergonha, é o que se chama "levar na esportiva". Para que dê certo, é preciso assumir a vergonha e lidar com ela. Quem ri de si mesmo costuma ser ótima companhia.

- **Confissão:** esta pode ser outra saída, mas nem sempre alivia a dor. E não garante bom relacionamento posterior. Em certos casos, é preciso que o indivíduo tenha muita coragem para confessar algo que o envergonha, especialmente se for algo que seja considerado errado pela comunidade; por exemplo, roubar. Nesses casos, a confissão é importante; é difícil, mas serve como prevenção para outros delitos de igual teor.
- **Cinismo:** esta é uma arma raivosa, que age no limite da confissão e da negação, porque nem sempre acena com a concordância do interlocutor. É quase como fazer graça, é ridicularizar as regras, é uma confissão que não é, um concordar que discorda. Podemos dizer que é uma dupla mensagem.

Apesar de os textos psicológicos dizerem que a vergonha não tem antídoto e necessita ser superada – o que endosso – acrescento que também há outras possibilidades de superação:

- **Revisitar valores:** o indivíduo tenta entender o que lhe causa vergonha, repensa seus valores e necessidades. Às vezes, escolhemos um caminho que achamos válido e importante, mas nele há percalços que nos causam vergonha. Relembrar nossas escolhas pode temperar essa vergonha. Por exemplo, quando uma pessoa tem vergonha de ter sido traída, pode repensar o tipo de relacionamento que tinha, o que a unia à outra pessoa (será que era amor?), o que acha que fez para que a situação chegasse a esse ponto etc. Saber que há uma parcela de responsabilidade sua e uma do outro alivia a dor, porque mostra àquele que foi traído que sua impotência não é tão grande, que há quesitos que ele pode melhorar para

que a situação constrangedora não se repita – pelo menos não da mesma maneira.
- **Pensar em mudanças de vida:** se tenho vergonha de algo que não tenho, que tal arregaçar as mangas para conseguir? Não tenho um diploma universitário nem dinheiro para pagar uma faculdade, então posso tentar conseguir uma bolsa de estudo, posso trabalhar e me esforçar mais, enfim posso achar uma saída. Se não consigo fazer isso sozinho, posso pedir ajuda.
- **Ser bom em alguma coisa:** parte da vergonha de não ter algo se resolve quando se tem um grau de excelência em outra coisa, algo para se orgulhar. Orgulhar-se é um antídoto e tanto contra a vergonha.

Brincar

Tudo que fazemos, dizemos ou pensamos diz quem somos, quais as nossas crenças e os nossos ideais. Somos simbólicos por excelência: as palavras que vocês estão lendo ou os sons que as formam são símbolos. O dinheiro é um símbolo, um pedaço de papel onde está impresso um valor no qual acreditamos. Esse simbolismo, porém, só costuma ser percebido nas poesias ou na voz dos videntes que falam por metáforas, aguçando nossa imaginação e nossa capacidade simbólica de ler nas entrelinhas. Também é na área do simbolismo que a arte se estrutura. Acreditamos que os artistas traduzem e transfiguram o que está no inconsciente.

O simbolismo sofre alterações dependendo do contexto em que se insere, da época em que o artista viveu, seu país, sua cidade, seu bairro, suas influências, assim como suas experiências de vida etc. As interpretações são também individuais. Podemos dizer que todo símbolo inclui uma compreensão única de mundo. Portanto, toda compreensão é uma interpretação da realidade ou, em outras palavras, cada um sente e entende algo que lhe é peculiar.

Segundo Monique Augras, interpretar, para os psicólogos, é buscar as chaves perdidas ou ignoradas. É bom lembrar que cada sistema interpretativo tem seu interesse. Não possuímos todas as chaves nem conseguimos preencher todos os universos possíveis, escolhemos um ângulo e olhamos através de um prisma. O símbolo implica uma relação entre concreto e abstrato, entre visível e invisível. Ele surge a todo instante, mas muitas vezes não estamos preparados para percebê-lo. Assim, esquecer compromissos muito chatos pode ser uma maneira de nosso inconsciente nos dizer que não quer ou não consegue fazer certas coisas. Existem outras formas de expressar indiretamente coisas que nos incomodam. Por exemplo, a mulher que se sentiu traída pode passar o dia desconfiando de todo mundo. Da mesma forma, as atividades das crianças são simbólicas. Quando brincam, desenham, contam histórias ou se fantasiam, estão nos passando informações importantes de como elas são, de como se sentem e do que precisam. O brinquedo e a brincadeira são símbolos que traduzem sentimentos, emoções, conflitos, anseios e aspectos dos quais as crianças ainda não se deram conta. E é por meio da psicanálise que vamos tentar compreender essa linguagem. Achamos muito natural ver uma criança brincar. Mas isso não é algo tão natural assim. Primeiro, no mundo todo há muitas crianças arcando com problemas de gente grande. Segundo, o direito à brincadeira é recente. Até bem pouco tempo, as crianças eram tratadas como pequenos adultos.

No livro *O mito do amor materno*, Elisabeth Badinter resgata o lugar que as crianças ocupavam na França dos Luíses: as mulheres da corte não costumavam amamentar seus filhos, para isso eram contratadas amas-de-leite, que recebiam uma ajuda de custo. Mas essas amas não moravam nos castelos. Portanto, os bebês nobres eram criados longe dos pais. O transporte dos bebês era em carroças, e Badinter relata que muitos morriam ao cair dela e ser atropelados pelas rodas. Uma vez que chegavam ao destino, tinham de lidar com a falta de leite: um seio dificilmente consegue amamentar duas crianças ao mesmo tempo, então a dieta era "complementada" por outras iguarias, como pão com vinho ou leite de outros animais (que muitas vezes não era digerido pela criança, criando déficit alimentar). Mais que isso, as mães de aluguel tinham de trabalhar para seu sustento e, por isso, precisavam deixar os rebentos em casa. Para que os ratos não os mordessem, os bebês eram pendurados nas vigas do teto, onde ficavam o dia todo, amarrados em cueiros nos quais faziam xixi e cocô. Os bebês só eram desamarrados e limpos ao entardecer, quando os adultos retornavam da labuta. Imagine as assaduras! Por crescerem assim amarradas, essas crianças também tinham seus pequenos ossinhos deformados. Depois do desmame, as crianças nobres voltavam para casa – para uma mãe que não conheciam e com a qual não tinham intimidade. E eram deixadas aos cuidados de tutores, amas e babás. Badinter analisa diversos exemplos históricos, demonstrando que as grandes civilizações entram em decadência quando as mulheres não cuidam mais de sua prole, deixando-a aos cuidados de subalternos. No Império

Romano, as crianças eram vistas como adultos em miniatura. Até a Segunda Guerra Mundial, havia um ditado alemão que dizia que as crianças eram para ser vistas, e não ouvidas. Não foi à toa que Freud, vindo dessa cultura, mostrou que a criança precisa ser ouvida, mas ouvida com base nas características de sua idade, e não mais como adultos mirins. Melanie Klein e Anna Freud nos ajudaram a entender que as brincadeiras são manifestações e realizações culturais e psicológicas.

Na verdade, as crianças usam a brincadeira para trabalhar e dominar as dificuldades do passado e do presente. As brincadeiras expressam o que a criança tem dificuldade de colocar em palavras, ou até de perceber conscientemente. Exercitam também seus processos mentais, pois fazem parte do esforço para entender o mundo que as cerca. Por exemplo, quando uma criança imita os pais em seus afazeres cotidianos, está tentando compreender e apreender o que cada um faz e o que a sociedade espera deles (Bettelheim, 1988). A experiência de imitar os pais é repetida várias vezes, de muitas maneiras: colocando a boneca no colo, conversando com ela ou castigando-a; brincando de mocinho e bandido. As crianças procuram, por meio da repetição, entender como os adultos pensam. Mesmo que aparentemente finjam se comportar como os adultos, se prestarmos atenção perceberemos que elas mudam pequenos detalhes. Existem sentimentos envolvidos nessa brincadeira que ainda não foram compreendidos por elas. Por exemplo, a criança que é agredida por seus pais agride seus brinquedos na tentativa de absorver e compreender o porquê de eles agirem dessa maneira. Ou para desculpá-los. Aprendem que a irritação e a impulsividade deságuam em agressão e, com isso, podem repetir a atitude dos pais daí por diante. Por outro lado, podem perceber que essa impulsividade lhes causa dor e tentar agir de maneira distinta dos pais.

A brincadeira é a maneira de a criança tentar encontrar soluções para os problemas que vivencia. O mesmo acontece com as histórias que os pequenos pedem para ser repetidas à exaustão – exaustão do adulto, bem entendido, já que a criança está elaborando sentimentos, sensações e traduções da realidade para uso próprio. Ela apreende a realidade por meio dessas repetições que permite a previsão de resultados. Brincar com bloquinhos é uma tarefa que, por mais que tenha de ser refeita, ensina o processo de equilíbrio, construindo a cada queda uma nova maneira de ser. O simples fato de ter de recomeçar ensina que o mundo não acaba porque alguma coisa não saiu como a criança queria, é preciso perseverar. Brincando, a criança cria para si mesma uma imagem simplificada e lúdica do mundo, de maneira a poder "dominá-lo" e não se assustar com ele. O brincar ensina hábitos de manipulação, paciência, perseverança e aplicação do raciocínio, todos fundamentais para o cotidiano do adulto (Bettelheim, 1988). Na casa onde o pai está desempregado e isso é um problema familiar, a criança brinca que o marido foi mandado embora e tenta lidar com isso. A brincadeira de comadres começa com "Me empresta uma xícara de açúcar?", "Onde está meu talão de cheques?", "Filhinha, a mamãe está saindo para trabalhar". A criança espelha o comportamento que vê. Durante a brincadeira, a realidade passa a ser absorvida, compreendida, assimilada. Por isso é tão ruim quando os pais dão palpites nas brincadeiras dos filhos, pois impedem que eles ultrapassem ou dominem os problemas que os assolam. O que a criança põe na brincadeira são aspectos que ela precisa repensar.

Segundo Winnicott, existem dois momentos distintos nas brincadeiras:

- o primeiro é quando o bebê acha que o brinquedo é parte de si mesmo;
- o segundo é quando o bebê nota que o brinquedo é independente dele. Nesse ponto, os objetos passam a ter significados próprios e especiais, ajudando a criança a passar por fases e experiências novas como se neles estivesse contida a segurança do lar: são os chamados objetos transicionais – aqueles que servem de ponte entre o seguro e o novo.

Para a criança pequena, o brinquedo é um objeto que a defende contra a ansiedade – por exemplo, o bichinho que ela carrega quando vai à escola ou aquele que ela insiste em levar quando vai dormir fora (mesmo que seja na casa da avó). Nesses brinquedos estão depositados sentimentos e significados, e é essa simbologia que vai ajudar a criança a ultrapassar os momentos em que se sentir sozinha e frágil. O sentimento de segurança oferecido por certos objetos ou situações nos acompanha a vida inteira e reaparece quando nos sentimos ameaçados de alguma maneira. Mesmo os adultos, muito mais seguros do que as crianças, por vezes carregam santinhos, medalhas, fotografias e muitas parafernálias para se sentir mais fortes e corajosos.

Por meio das brincadeiras, desenvolvemos a estabilidade. Por exemplo, brincar de esconde-esconde com a mãe é profundamente estruturante para a criança; vê-la desaparecer para perceber que depois ela reaparece igualzinha. Pode parecer absurdo, mas crianças pequenas não sabem ainda o que acontece com os objetos e as pessoas quando não estão na sua frente. *Será que eles se desintegram?* O raciocínio de que o objeto não desaparece quando não está sendo olhado precisa ser construído por todos os humanos. Essa é a delícia de brincar de esconde-esconde com crianças bem pequenas: elas ficam encantadas de descobrir que as coisas e as pessoas – a mãe, em especial – não desaparecem nem se transformam só porque saíram de seu campo de visão. Dessa maneira, as aflições dos pequenos vão sendo trabalhadas internamente, aumentando seu repertório e mostrando que o desaparecimento pode ser temporário. Essa aprendizagem dá ao bebê condições para ficar mais tempo longe do olhar materno, sem tanta angústia (Bettelheim, 1988). Por isso, aconselho que os pais brinquem de esconde-esconde com seus filhos se estes costumam ficar muito angustiados na escola.

Precisamos atentar para o fato de que certas experiências aparentemente banais para nós podem ser aflitivas para as crianças, que não possuem o mesmo repertório de experiências. Por isso, certos fatos corriqueiros podem ocasionar sofrimento a elas. Lembro-me de um garotinho que assistia a um desenho na hora do almoço quando o pai lhe perguntou: "Por que você quer tanto ver esse desenho até o fim? É sempre a mesma história: o Popeye quer alguma coisa, apanha do Brutus, depois come o espinafre e consegue bater no grandalhão. É sempre igual". Surpreso, o menino indagou: "Como é que você sabe?" Ante a repetição das situações, as crianças aprendem a prever, conhecer e aceitar os acontecimentos. Por isso tantas vezes pedem para os adultos repetirem as histórias de fadas ou querem ver e rever certos filmes ou desenhos animados. A repetição interminável provoca uma impressão poderosa, cria familiaridade e desenvolve a tolerância, que é a conseqüência direta de passar pelo evento repetidas vezes (Bettelheim, 1988). Mas, pensando bem, nós adultos também temos nosso filme preferido, aquele a que já assistimos inúmeras vezes sem cansar. É provável que esse filme represente algum processo interno que estamos elaborando ou desejamos. O filme *Duro de matar*, por exemplo, mostra alguém que não desiste, que consegue ganhar mesmo estando em minoria, desacreditado e machucado e que luta até o fim; podemos dizer que ele é o *Tom e Jerry* dos adultos. O filme *As pontes de Madison* também é emblemático: nele, uma mulher abre mão de seu amor para cuidar da família – mas os poucos momentos que passa com ele são tão intensos a ponto de não serem esquecidos até o fim da vida. *Quem não quer provocar tamanha paixão?*

Com a repetição, aprendemos a controlar sentimentos, compreendendo e, assim, dominando certas situações que nos angustiam. Para nos sentirmos seguros, precisamos achar que até certo ponto somos senhores de nosso destino. E prever se uma torre de cubos vai ruir ou não pode ser um desses sinais. Segundo Bettelheim, os blocos de montar podem ensinar a criança a:

- **ter persistência:** como os blocos caem, é preciso sempre recomeçar a construir;
- **lidar com a angústia:** não adianta se desesperar porque os blocos não se movem sozinhos;
- **conhecer o limite da realidade:** não se pode construir tudo, há uma quantidade determinada de blocos com formatos e tamanhos definidos, portanto usamos o que temos ou brincamos de faz-de-conta.

Ao tentar várias vezes construir algo alto, a criança aprende a importância da persistência, percebe que não precisa se desesperar quando algo não sai conforme o esperado. Ela observa o que está acontecendo e tenta novos caminhos, o que torna a aprendizagem quase indolor, ao passo que a mesma experiência com mais idade pode ser mais difícil (Bettelheim, 1988).

A maior lição que podemos ter com os jogos é que o mundo não acaba quando perdemos. Nem quando ganhamos. Vitórias e derrotas na vida são coisas passageiras, portanto não devemos descansar com os louros nem desistir da luta, já que os reveses, como tudo na vida, são provisórios. Por isso é tão importante que os pais, cuidadores e educadores ajudem a criança com os reveses no momento em que os pequenos acham que nem adianta tentar novamente. Quando um pai aceita as brincadeiras dos filhos, passa a convicção de que a criança é capaz, de que é aceita, não importando o caminho que deseje trilhar. Essa é a maior proteção contra o fracasso, porque nos levará a tentar novamente. E quantas vezes na vida temos de reconstruir... Os jogos permitem mais facilmente a participação dos pais porque estão mais próximos de como os adultos gostam de passar o tempo. Por meio das brincadeiras, podemos conquistar o domínio sobre o mundo externo, manipular e controlar objetos, ter domínio sobre o corpo, lidar com problemas psicológicos e aprender mais sobre as relações sociais (Bettelheim, 1988).

A quantidade de horas que a criança passa brincando é uma indicação de quanto tempo ela precisa para entender o que lhe aconteceu e por quê. Começa brincando com o que lembra, com fragmentos e, aos poucos, vai ampliando as lembranças, tal qual os adultos fazem quando contam suas angústias para os amigos chegados. Conforme reproduz com os brinquedos os processos que sofreu como sujeito passivo, começa a entender que não precisa ser vítima e, na brincadeira, passa a ser ator. Pode fazer aos outros o que lhe foi feito e, quem sabe, compreender o que aconteceu. Assim, por meio de brincadeiras, o sofrimento passivo da criança torna-se um domínio ativo. Podemos dizer que sem a experiência e o êxito nas brincadeiras a criança não acreditaria que é capaz de ter êxito em outras experiências.

Anos atrás, quando fui voluntária na Cruz Vermelha Brasileira, vi crianças brincando que suas bonecas morriam ou eram operadas. Na ocasião, não conseguia entendê-las, mas agora percebo que estavam tentando compreender, assimilar e controlar as emoções que as angustiavam: o medo de não ficar boa, a angústia em relação à morte iminente, a saudade de casa e da família – pois ficavam sozinhas no hospital, sem um rosto familiar, sem ninguém a quem se apegar. Quantas vezes fiz companhia para crianças pequenas, que só queriam se encostar a mim e sentir calor humano, aconchego... Adultos fazem a mesma coisa quando contam piadas sobre uma realidade com a qual têm dificuldade de lidar ou quando cantam sambinhas ironizando aspectos do cotidiano. Brincamos para compreender e engolir a realidade. Na época da ditadura, era muito clara a intenção das músicas que faziam uso de metáforas para protestar.

O problema é que nem sempre os pais percebem as angústias dos filhos. Tempos atrás, vendo meus filhos brincando na piscina, notei um menininho que brincava sozinho e repetidas vezes fazia o mesmo gesto: fingia dar um tiro em sua cabeça e caía desmaiado na água. Na ocasião, achei que alguma coisa estava errada, mas ali eu não era psicóloga, era mãe. Tempos depois, o menino foi vítima de uma briga. Por mais que outros pudessem ser responsabilizados, ele tinha uma postura passiva que desaguava na vitimização. Essa postura precisaria ser mudada para que ele não sofresse por isso. Há uma pesquisa sobre isso: fotos de diversas pessoas são mostradas a criminosos para que eles respondam quem escolheriam para assaltar. Incrivelmente, as pessoas escolhidas eram as mesmas. Os criminosos diziam que elas "tinham cara de vítima". Creio que sejam pessoas mais passivas, que pareciam não reagir.

Quando os pais fazem sugestões para as brincadeiras ou os deveres da escola de seus filhos, na verdade não estão dando uma ajuda real. Como suas opiniões são provavelmente mais adequadas do que as dos filhos, podem produzir a sensação de incapacidade, e as crianças podem desistir de aprender, sentindo-se "fracassadas". É a mesma sensação que têm os irmãos mais novos quando se comparam aos mais velhos, que têm mais habilidades. Em alguns casos, os mais novos passam a vida se achando incapazes – mesmo não sendo –, porque carregam consigo essa comparação. Outra atitude que não costuma dar resultado é quando os pais querem que o filho use um brinquedo de acordo com as especificações do fabricante, privando-o de lhe dar significados próprios. Os pais também precisam entender que seus filhos precisam brincar com outras crianças, pois isso é fundamental para o desenvolvimento infantil. Ter amigos da mesma idade é fundamental, pois eles são reguladores naturais das reações da criança. Por isso, os adultos precisam se controlar para não interferir nessas relações, exceto se houver risco para a integridade física ou quando o grupo seguir um comportamento muito perverso contra um de seus membros.

Outro erro comum: os pais preenchem o dia-a-dia de seus filhos de tal maneira que não deixem tempo livre para eles brincarem e elaborarem as questões típicas da infância. Como dizia Aristóteles: "Pensar requer ócio". Muitas das pessoas criativas passavam longas horas sozinhas, pensando, lembra Bettelheim. Sem tempo para pensar, sem condições para encontrar os próprios valores, essas crianças não sabem o que querem, não têm condições de experimentar o tempo ou as opções da vida. Tomar iniciativas é difícil, quase nunca acertamos de primeira. Quando os filhos erram muito em determinada atividade, os pais acham melhor afastá-los dela. Para a criança, esse afastamento – quando a iniciativa parte dos pais – pode parecer um atestado de incompetência. Os pais que superprotegem seus filhos também provocam a mesma situação: estes passam a viver com a sensação de incapacidade para se defender. Nos dois exemplos, há uma impossibilidade de se autodesenvolver e de agir por si mesmo. É importante ensinar os filhos a ultrapassar as dificuldades, pois essa é uma atitude que eles levarão para a vida. Uma das maneiras de fazer isso é olhar nossas deficiências e descobrir o que fazer para conseguir vencê-las. Em vez de ficar triste com o "Não dá", melhor perguntar "Como daria?" e descobrir um novo caminho. Há sempre solução; umas são boas, outras não.

E quando os pequenos quebram algum brinquedo? Devemos brigar? Segundo Bettelheim, quando a criança quebra algo que pertence a ela, está em seu direito. *Além do mais, em que outra circunstância poderíamos mostrar que certos fatos têm conseqüências às vezes irreversíveis? De que outra maneira poderíamos mostrar tão claramente a correlação entre causa e conseqüência?* Por isso é importante que o pai não reponha o objeto quebrado antes que o filho sinta sua falta. Da mesma maneira que acontece quando a criança constrói alguma coisa com cubos, quando ela destrói algo é preciso haver integração entre sua imaginação e a realidade interior e exterior. Ela terá de fazer concessões e renunciar ao domínio total para conseguir um acordo entre *desejo* e *realidade*. Em outras palavras, aprenderá a controlar seus impulsos destrutivos sob risco de perder coisas que lhe são caras.

Crianças fantasiam sim e gostam disso. Muitas vezes não conseguem compreender onde começa e onde termina a realidade. Crianças pequenas gostam muito de imaginar e confundem seus pensamentos com a realidade. Crianças fantasiam como meio de colocar ordem em seu caótico mundo interior e aumentar sua capacidade de enfrentar a realidade. Todas as crianças (só elas?) tentam voar para um mundo de fantasia quando a realidade se torna difícil de ser manipulada. Por isso as brincadeiras de super-heróis em contraposição à sensação de ser sempre pequena, vulnerável e controlada. As crianças sentem fascínio ao ver o pequeno e fraco vencendo o grande e poderoso; por isso o sucesso de desenhos como "Piu-Piu e Frajola", "Papa-léguas e Coiote", "Tom e Jerry", "Plic, Ploc e Chuvisco" e tantos outros. Nós adultos lemos livros de aventura bem protegidos em nossas casinhas, lemos romances descabelados quando estamos solitários, vemos filmes de viagens sentados no sofá e, como as crianças, voamos para nosso mundo de fantasia para conseguir tranqüilidade e força para lidar melhor com a batalha do dia-a-dia. Vemos filmes de ficção científica da mesma maneira que nossos pequenos brincam de polícia-e-ladrão.

Os jogos de fantasia servem como ponte entre o mundo inconsciente e a realidade externa, já que nos sonhos tudo é possível. Nem sempre, porém, as fantasias estão claras e por isso não devem ser mencionadas antes de fazerem sentido e ficarem claras para as crianças. Certas brincadeiras, banais para os adultos, podem ser fortalecedoras para a criança, que teme o que vai lhe acontecer. Muitos adultos mantêm o mecanismo de colocar fora de si aspectos que dizem respeito à sua realidade. O "bode-expiatório" é o exemplo clássico: culpa-se alguém ou um grupo por alguma coisa e para isentar os demais das falhas que possam ter cometido. Essa visão dicotômica, em que as pessoas são somente boas ou somente más, é um resquício infantil, já que os adultos maduros conseguem perceber que todos têm aspectos agradáveis e desagradáveis. As lutas raciais têm um pé nessa característica, assim como as lutas do Bem contra o Mal (dos filmes ou da realidade). Os filmes que exploram esse tipo de relação do mocinho contra o malvado costumam ser muito parecidos. Nos primeiros cinco minutos, mostram o mocinho, sua família, seus amigos, o cachorro e o papagaio; nos próximos cinco minutos, o bandidão vai roubar, seqüestrar ou detonar com um ou mais membros queridos. Daí para a frente, a uma hora e os cinqüenta minutos restantes serão destinados a mostrar como o mocinho vai ensinar uma boa lição ao bandido. E, diga-se de passagem, o bandido é malvado sem motivos – quando estes aparecem, são sempre torpes.

Muitas vezes, os pais e educadores querem saber se é aconselhável comprar brinquedos considerados agressivos, como revólveres de brinquedo e coisas do tipo, por isso quero analisar essa questão com cuidado. Antes de tudo, é bom lembrar que as crianças (assim como os adultos) apresentam sentimentos e comportamentos agressivos, que são inerentes ao ser humano e se prestam à preservação da espécie. Podemos citar aqui, para quem se interessar, o livro *A agressão*, de Konrad Lorenz, que era biólogo e estudou a importância do comportamento agressivo no desenvolvimento das espécies. Ele mostra que a agressividade está presente em ações tão sublimes como amar. Explicando melhor, sem certa dose de agressividade o ato sexual não seria consumado. Sem agressividade não enfrentaríamos os problemas do cotidiano, não lutaríamos pela vida. A agressividade em excesso, contudo, também pode ser responsável pela morte de seus semelhantes. Isso posto, fica fácil perceber que as crianças têm certa dose de agressividade que precisa ser extravasada. Dar brinquedos que se ajustem a essa finalidade pode ser a permissão para extravasá-la. Não dar uma arma de brinquedo para a criança não inibe sua agressividade. Conheço um garoto que não tinha um revólver de brinquedo porque sua mãe achava que esse não era um brinquedo adequado para o seu desenvolvimento, mas ele usava o secador de cabelo de brinquedo da irmã pequena como arma! Moral da história: o problema não é o brinquedo em si, e sim como ele será usado.

Mas o pior é a projeção que os pais fazem dos filhos, achando que aquele comportamento é sinal de alguma coisa maior, talvez pior. É bom saber: assim como nenhuma criança vai trabalhar com engenharia só porque monta cubos, nenhuma criança vai ser violenta só porque brinca com armas. Sabemos que em época de guerra as crianças reproduzem os horrores nas brincadeiras: em Israel, as crianças brincam de palestinos e israelitas, mas nenhuma criança quer ser palestina na brincadeira porque eles sempre perdem... *É como nossa brincadeira de polícia-e-ladrão: quem ganha de verdade essa briga? Quem as crianças querem ser? E as crianças que vivem no Afeganistão, querem ser os norte-americanos ou o Bin Laden?* Segundo Bettelheim, é razoável permitir que a criança brinque com brinquedos considerados agressivos, mas os adultos devem ter um comportamento especial diante dessa situação: não devem fazer parte de brincadeiras agressivas nem achar engraçado quando a criança aponta uma arma de brinquedo para eles, porque o que está em jogo são as fantasias destrutivas da criança. Bettelheim sugere que a criança seja levada a sério e que as conseqüências da "morte" do pai sejam consideradas. E, claro, qualquer pequeno sabe de sua dependência para com seus pais.

Reagir com agressão a uma brincadeira agressiva também não ajuda a criança a controlar sua raiva – pelo contrário, é como se a incentivasse a explodir. Claro que todo mundo explode em determinados momentos, isso não é um problema, pois mostra que os adultos são humanos e falíveis e que a criança pode também errar sem tanta culpa. Mas se o erro ou a explosão de sentimentos forem constantes ou passarem a ser apresentados como modelo de solução de dificuldades, tornam-se um problema. É importante deixar a agressividade ser descarregada, mas não de qualquer jeito. É preciso mostrar que sem controle a sociedade e o indivíduo padecem.

Quando falamos, escrevemos e brincamos, mostramos um pouquinho de nós. Mesmo quando não nos damos conta, estamos passando nossa maneira de ver o mundo e de agir nele. Isso fica muito claro na educação das crianças: elas imitam os pais, os professores, os adultos que amam e que as rodeiam. Andam como o avô, falam como a tia, mexem no cabelo como a madrinha e assim por diante. A todo momento, adultos e crianças traduzem as próprias alegrias, angústias e confusões. Sempre nos projetamos naquilo que fazemos. O desenho é uma interpretação da realidade, construída por meio de experiências anteriores, associações de idéias etc. Isso faz de cada obra um recorte único. Os bons desenhistas desenham a imagem gravada em seu cérebro, e não a natural. Portanto, o desenho nasce da representação mental, o que nos remete à influência dos aspectos culturais presentes nos trabalhos das crianças.

Segundo Analice Dutra Pilar, os desenhos são subdivididos por fases correspondentes a idades nas quais esperamos determinadas representações. As crianças muito pequenas, por exemplo, não conseguem executar o que falam, por isso ao longo do trabalho vão ressignificando sua produção até que esta culmine no vínculo intenção–interpretação. A criança começa dizendo que vai fazer um cachorro e muda para o desenho de uma mesa, uma cadeira e assim por diante. Por volta de 2 anos, de acordo com Analice Dutra Pilar, a criança começa a desenvolver a função simbólica que lhe permite se lembrar de objetos que não estejam presentes: é a função simbólica que permeia as imitações, os jogos simbólicos, os desenhos e a linguagem. Nessa fase, a criança começa a desenhar relações especiais topológicas, para depois construir as projetivas. A topologia diz respeito a vizinhança, separação, ordem, envolvimento etc. E a criança desenha essa correlação para cada objeto. Ela tenta representar tudo que vê, mas não obrigatoriamente na ordem em que está vendo, por isso essa fase é chamada de realismo falhado ou incapacidade sintética. Esse é o mesmo padrão encontrado em adultos psicóticos. Mais adiante, entre 3 a 4 anos, os desenhos começam a englobar não só as características que a criança vê, como também aquilo que ela conhece de cada objeto. Por exemplo, ela sabe que a cadeira tem quatro pernas, mesmo que só esteja vendo duas. Para melhor representar, a criança usa as transparências, a planificação e a mudança de perspectiva. Essa fase, segundo Analice Dutra Piar, é chamada de realismo intelectual, já que a criança desenha o que conhece. O próximo estágio é o realismo visual, no qual há uma procura por simbolizar o objeto de acordo com sua aparência. Nesse estágio, há a preocupação com os detalhes e particularidades de cada forma, assim como com as convenções gráficas do desenho.

Ao desenhar, a criança correlaciona seu conhecimento objetivo com o imaginativo. O uso do espaço pode ser alterado por questões artísticas. Esses parâmetros são puramente teóricos. Na verdade, precisamos ter consciência de que a criança, ao desenhar, está escrevendo seus pensamentos sobre a realidade e, portanto, elaborando afetiva e cognitivamente sua leitura do mundo, como diz Madalena Freire. Quando a criança faz um desenho com tema predeterminado, é possível compreender como ela representa a realidade, ao passo que os desenhos livres estão abertos para as emoções que a criança está vivendo naquele momento. Por isso, lembre-se de valorizar os desenhos de seus alunos/filhos, pois essa criança está representada ali.

O *inconsciente*

Conseguimos interpretar brincadeiras, desenhos e conversas baseados em uma linha de pensamento. Essa forma é a psicanalítica, e aqui vamos falar brevemente desses conceitos. O desenvolvimento emocional, segundo a psicanálise, baseia-se na sexualidade. Esta, contudo, não depende unicamente do funcionamento do aparelho genital. Em psicanálise, a sexualidade inclui uma série de excitações e atividades presentes desde a infância que proporcionam prazer irredutível quando satisfazem uma necessidade psicológica fundamental (como comer quando se tem fome, ir ao banheiro quando se tem vontade, respirar etc.).

Essas atividades também se encontram como componentes na chamada "forma normal do amor sexual". Em outras palavras, a sexualidade é uma busca de prazer, nem sempre genital. Esse prazer está relacionado com as zonas erógenas, que, segundo Freud, são partes da pele ou da membrana mucosa em que os estímulos de determinada espécie evocam a sensação de prazer possuidora de uma qualidade particular. As fases do desenvolvimento podem ser definidas segundo as zonas erógenas mais sensíveis em cada idade: oral, anal e fálica. Vamos compreender como cada uma se desenvolve.

Fase oral

A primeira fase (que vai desde o nascimento até os 2 anos, aproximadamente) é oral, porque a libido está localizada na boca. É por meio dela que a criança sente prazer e desprazer (mamando ou sentindo falta do seio) e se relaciona com o mundo. Ao nascer, a criança não percebe que ela e sua mãe não são a mesma pessoa — mesmo porque, até o momento do nascimento, filho e mãe efetivamente ocupam o mesmo corpo. Somente quando quiser mamar e não encontrar o seio é que a criança perceberá que este não é parte de si. No entanto, ainda não é desta vez que ela notará a presença da mãe como um ser total, pois sua relação é somente com parte dessa mãe: o seio. Como em muitos momentos o seio a satisfará, dando-lhe alimento, preenchendo o vazio em seu estômago e retirando a sensação ruim da fome, será considerado como algo bom. Na fantasia da criança, todas as boas características serão atribuídas a ele nesses momentos (Klein, 1975a e 1982). Nem sempre, porém, esse tipo de coisa acontecerá. Haverá momentos em que a mãe não estará livre para atender a criança. Nessas ocasiões, serão projetadas no seio todas as características ruins e, portanto, a agressividade da criança. No primeiro caso, quando é estabelecida uma boa relação com o seio, a relação é afetuosa, de carícias e delícias como sugar e lamber. Já no segundo caso, a relação é agressiva e ao seio serão reservados ataques, tais como morder, uma forma inconsciente de tentar arrebatá-lo.

Essa ligação com o seio, que oscila entre amor e ódio, supre as necessidades da criança. Cada sentimento, ao seu turno, é exclusivo, ou seja, ora a criança ama, ora odeia, mas nunca esses sentimentos aparecem ao mesmo tempo nessa fase (Lowen, 1983; Klein, 1982). Muitos adultos persistem com essa visão unilateral do mundo: ou as coisas são percebidas como perfeitas ou como totalmente defeituosas. Para essas pessoas, é difícil integrar os dois lados – o bom e o ruim – de pessoas, coisas ou situações. Não é feita a interação entre as partes, isto é, se algo é bom, não terá defeitos; se é ruim, não terá qualidades.

Nos primeiros meses, somos basicamente sensações. Segundo Aberastury (1992), nessa época da vida o ego é corporal: não há pensamentos, somente sensações difusas. Portanto, o indivíduo materializa as emoções, e cada sensação é vivida corporalmente. Pessoas que não saíram da fase oral são pessimistas e têm dificuldade de se relacionar, pois tendem a estabelecer relacionamentos dependentes, como os bebês com suas mães. Por volta dos 6 meses, a criança entra na chamada fase oral canibalista. Coincidentemente, é por volta dessa idade que costuma ocorrer o desmame em nossa sociedade. É nessa época também que a criança atinge o auge de suas tendências destrutivas, com fantasias devoradoras e trituradoras em relação aos objetos, sendo os dentes instrumentos executores (lembremo-nos de que os dentes começam a despontar nessa idade). Alguns autores acreditam que o acúmulo de tendências destrutivas no organismo pode ser produzido por fatores externos (amamentação interrompida ou inadequada, perda dos pais, nova gravidez da mãe etc.) ou internos (fantasias do próprio bebê) que operariam como traumas. Por não serem elaborados pela criança, são sentidos como agressões do mundo externo.

Até aqui, o bebê não tinha maneiras de "agredir" o mundo, uma vez que sua coordenação motora era falha e sua força, muito pequena. No momento em que o primeiro dente irrompe, a criança sente-se capaz de concretizar suas fantasias destrutivas: agora ela possui um instrumento de penetração. É claro que um bebê tem pouco poder de destruição, mas ele não tem este tipo de consciência. Assim, sua agressividade será sentida como algo enorme e tremendamente destrutivo. Aberastury (1992) acredita que por esse motivo as brincadeiras de esconder mobilizem tanto o bebê nessa idade: é como se ele tivesse receio de que as pessoas e coisas à sua volta sejam destruídas por sua raiva. A brincadeira simbolizaria o sentimento de perda e recuperação. Quando uma pessoa querida ou um determinado objeto pelo qual a criança tenha predileção somem de seu campo de visão, a criança vivencia a angústia da perda, ao passo que seu reaparecimento demonstra a reparação interna, já que não foram destruídos de verdade (Abraham, 1970). Da mesma forma que a criança sente a destruição interna do objeto quando este desaparece, também sente reparação interna quando ele reaparece (Aberastury, 1992).

Na imaginação do bebê, sua raiva tem grande poder destrutivo. Ele deseja destruir tudo que o contraria, incluindo sua mãe. Por outro lado, sente-se culpado ao imaginar que conseguiu satisfazer seu desejo, e sente falta da mãe quando não a vê. Surge então o desejo de recuperá-la. Quando a mãe reaparece, ela é reparada internamente, pois sua destruição ocorreu no plano da fantasia. A diferença entre o adulto e a criança é que o primeiro percebe que está somente fantasiando: que ganhou na loteria, que falou tudo que queria para o chefe. Esses pensamentos, em muitos casos, agem como aliviantes, não precisando ser concretizados.

Em psicologia, notamos que, ao mesmo tempo em que morder pode ser agradável para a criança, pode também ser angustiante. Pessoas que não conseguiram ultrapassar esse conflito terão dificuldades de lidar com sua agressividade, já que acreditam na fantasia onipotente de que se revidarem o outro não agüentará. Como não conseguem se defender, por ter medo da própria agressividade, essas pessoas provavelmente terão seus sentimentos de raiva e decepção refletidos em outros lugares, como em uma disfunção da ATM (articulação temporomandibular). Outra manifestação dessa regressão é a incapacidade de ouvir críticas; por possuírem visões dicotômicas, essas pessoas não suportam ouvir sobre suas imperfeições, já que acreditam que só há duas opções de seres humanos, os completamente bons e os completamente maus. Por outro lado, pessoas cuja fase oral foi muito gratificante tendem a achar que tudo sempre dará certo, são otimistas, irreverentes e acreditam que sempre surgirá alguém para tratar e cuidar delas.

Lowen (1983) comenta que a tendência à depressão tende a ser maior em pessoas orientadas para o exterior. Segundo ele, esse é o caso dos pacientes de "caráter oral", cujas necessidades infantis de aceitação e contato corporal não foram satisfeitas. Para Melanie Klein, nessa fase a criança entra em contato com seus sentimentos de luto e culpa. A culpa e a auto-reprovação pela fantasia de ter destruído pessoas queridas ou objetos bons, e o luto por essa possível perda. Como há uma projeção da destruição interna para o mundo exterior, a sensação de haver feito em pedaços o objeto externo é como um esfacelamento do mundo interno (Klein, 1982).

Muitas vezes a criança não consegue manter a raiva dentro de si, projetando-a em outras pessoas ou coisas. Daí surge a sensação de que estas podem reagir e atacá-la, acarretando sua destruição. Alguns adultos vivem dessa maneira infantilizada, colocando nos outros os próprios sentimentos por não conseguirem assumi-los (Klein, 1975a). Tais fantasias ficam claras nos relacionamentos amorosos: pessoas que não agüentam uma relação mais aprofundada pois crêem que, quando o outro descobrir como ele é realmente, irá embora; em muitos casos, abandonam o parceiro antes de serem abandonados por ele, pois em sua imaginação isso fatalmente ocorreria. Esses sentimentos mobilizam na criança ou no adulto desejos de aplacar a ansiedade, reparando o objeto destruído e compensando o dano infligido a ele. Surgem daí as possibilidades de defender-se dessa angústia: a reparação e as defesas maníacas. As defesas maníacas serão usadas apenas para proteger o ego do desespero total. Aparecem por meio de fantasias de controle, triunfo e desprezo como formas de trabalhar o mundo, a perda e a culpa (Segal, 1975). Quando o sofrimento e a ameaça diminuem, elas podem dar lugar à reparação, ou seja, à reconstrução do objeto danificado (como agradar a mãe depois de ter se irritado com ela e desejado que desaparecesse). O controle é uma forma de negar a dependência e imaginar que aquele objeto estará sempre disponível. O triunfo se caracteriza pela vitória contra o ataque primitivo ao objeto mau (ataque provocado por forte inveja) e mantém afastados os sentimentos depressivos que mostram dependência do indivíduo com o objeto. E, finalmente, o desprezo é a desvalorização do objeto bom, que não merece nem a culpa por sua destruição. Esse tipo de defesa maníaca é muito usado em tempos de guerra, nos quais o inimigo é desprezado como meio de redimir a culpa pela chacina. O acúmulo das fantasias destrutivas pode comprometer a auto-imagem do indivíduo; por isso é difícil para ele tomar decisões sozinho, pois acredita que possa danificar situações e pessoas. Eles possuem uma percepção interna da ambivalência amor–ódio e projetam esses sentimentos em quem os ama. A imagem de alguém independente também poderia ser sinal do seu imenso receio de destruir os que lhes são caros. Mas, logicamente, nem todos os sujeitos independentes padecem desse problema.

As fases de destruição fictícia e depressiva são tremendamente ameaçadoras para a criança. Esse aspecto é explicado por Pichon-Riviere (1951): a criança aprende a engatinhar movida pela necessidade de se afastar da mãe para não destruí-la. A autora propõe – de modo quase poético – que a marcha e a linguagem seriam formas de "reconstruir" objetos de afeto. A linguagem, mais do que a capacidade de andar, permite que a imagem da mãe esteja sempre presente, mesmo quando sua figura concreta não está. Falar em algo que já acabou ou em alguém que já morreu é uma maneira de tornar presente o distante, de reviver dentro de nós algo que acabou – é dessa maneira que a linguagem alivia os sentimentos da criança. Por outro lado, a locomoção permite tanto se afastar quanto se aproximar de alguma coisa. Nesse aspecto, a marcha também reconstrói objetos amados, permitindo que a criança se reaproxime deles (Pichon-Riviere, 1958). Também é no primeiro ano de vida que a sexualidade genital surge pela primeira vez (Aberastury, 1967). Ao perder o vínculo simbiótico com a mãe, o bebê passa a procurar outras formas de união.

Fase anal

Uma vez que as fantasias destrutivas das crianças levam-nas à depressão, há a renúncia dessa forma de prazer e a substituição da zona erógena. Ao substituir o prazer de sugar pelo de morder, a erupção dos dentes gera reações ambivalentes, o que, segundo Abraham (1970), desloca a libido para outra área do corpo. Nessa fase, o controle muscular (abrir–fechar, reter–largar) será o foco da atenção. Até aqui a relação criança–mundo era baseada nos processos de receber e dar, contudo a partir de agora ela poderá conter, concretamente, os excrementos e, simbolicamente, os sentimentos. Para Freud (1972), a fase anal ensinaria as formas ativa e passiva de estar no mundo, características que todo ser humano tem. Por isso, o desenvolvimento neuromuscular criaria a necessidade de movimento. A criança torna-se mais ativa e barulhenta, brutal e até agressiva, com a diferença de que pode ir ao encontro dos objetivos (Abraham, 1970; Dolto, 1988). De acordo com Dolto (1988), a educação deverá ensiná-la a disciplina social, de modo a encontrar "substituto simbólico" para ações em que a agressividade necessita de regras. De qualquer forma, a autora aconselha algumas horas durante as quais a criança possa brincar tão brutal e ruidosamente quanto lhe agrade, sem limitações parentais.

É nessa época que a criança aprende que é necessário ser organizada e acatar regras. Se essa fase for vivida de maneira exagerada, a criança pode se tornar um adulto obsessivo com a ordem, ou indisciplinado (que tenta chocar pelo desmazelo e desalinho), ou sóbrio (que sente prazer em acatar as exigências pedidas). Nesse período, as fantasias agressivas da criança dizem respeito a preencher com substâncias e elementos "ruins" (isto é, fezes e urina) seus desafetos. Aqui aparecem os palavrões relativos a defecar ou urinar, bem como as brincadeiras com areia, lama, argila, massinha e água que representam essas atividades. É nessa fase que as brincadeiras com pintura a dedo, massinha e argila têm mais sentido, fazendo que a criança possa compreender o significado de regras e de seus produtos. Para a criança, as fezes vêm dela e, portanto, são "produções" suas. A importância que os pais dão a que a criança defeque em determinado local e hora é capaz de marcá-la.

Sujar-se, limpar-se e lambuzar-se serão fontes de prazer. Assim como, na fase oral, o amor é vivido como uma entrega, uma diferenciação, nessa fase amar é incorporar. Subjugar ou ser subjugado – essa será a essência da relação valorizada de amor numa alternância. Outra característica interessante, para a qual Freud (1972) chama nossa atenção é o fato de nossas crianças pequenas pensarem com freqüência que os bebês são concebidos pela ingestão de alguma coisa (alimento) e saem da barriga da mãe através do ânus. Há, na literatura, casos em que crianças pequenas retêm as fezes para não deixar sair novos bebês.

O surgimento de fobias relativas a animais costuma incidir por essa ocasião, pois as crianças investem normalmente um animal ou objeto de poder mágico, o que suscita angústia. Nesse caso, o inconsciente da criança projeta sobre o animal seus sentimentos, o que causa medo ou fobia.

Fase fálica

A fase fálica inicia-se por volta dos 3 anos e meio e perdura até aproximadamente os 7 anos. A problemática dessa fase é a "angústia de castração". Castração, no sentido psicológico, significa "frustração das possibilidades hedonistas", ou seja, das possibilidades da busca de prazer (Dolto, 1988). Para que essa dinâmica se instale, são necessários três fatores:

- a descoberta da diferença entre os sexos;
- o poder mágico atribuído aos adultos;
- uma inferioridade geral e verdadeira perante os adultos.

Uma vez imbuída dessas três características, a criança entra na fase fálica, caracterizada pela identificação com seus pais (ou cuidadores). A menina passa a imitar a mãe e o menino, o pai. Nessa fase, as meninas começam a brincar de bonecas com todos os aparatos de uma casa, e os meninos a imitar o pai ou cuidador masculino (pode ser o avô, um tio, o professor etc.). A criança passa a ter curiosidade de descobrir como as coisas são por dentro. Essa curiosidade vem do deslocamento da curiosidade sexual sobre o nascimento dos bebês. Freud (1972) se refere a ela como sendo a segunda ocasião da masturbação, que voltará na adolescência.

É fácil identificar a fase edípica: os meninos se enamoram das mães (ou da mulher mais próxima); e as meninas, dos pais (ou do homem mais próximo). Por desejar o progenitor de sexo oposto, a criança vive uma ambivalência com o progenitor do mesmo sexo: ora o ama, ora o odeia. A culpa por essa ambigüidade é da relação de "amor *x* temor da agressividade", que faz a criança imaginar que possa ser destruída por desejar o progenitor de sexo oposto só para si e conseqüentemente ser rival do progenitor do mesmo sexo. *Se a criança, que é tão pequena, quer uma coisa desse tipo, como ficará quando os pais, que são grandes e fortes, perceberem seus anseios?* Vem daí a fantasia que o menino tem de ser castrado, isto é, perder seu órgão genital. A menina, que tem a fantasia de já ter nascido castrada, sente medo de ser machucada fisicamente. A batalha contra o progenitor do mesmo sexo pela posse do progenitor do sexo oposto desperta por volta dos 3 anos e meio na menina e por volta dos 4 anos no menino, perdurando, de uma forma ou de outra, até os 7 anos, mais ou menos.

Nessa ocasião, a criança tem mais clareza de que a relação entre seus pais acontece independentemente dela e que há momentos em que eles a afastam a fim de ficarem a sós. Isso é bastante importante. A criança precisa entender que não pode interferir no relacionamento dos pais; por exemplo, que, se eles estão namorando, conversando ou se separando, não é por sua culpa, mas porque assim decidiram. Esses cuidados têm por objetivo lidar com a culpa que a criança venha a desenvolver. O peso da responsabilidade pela relação dos adultos não lhe pertence. Caso em que os pais alegam tomar (ou não) certas atitudes pelos filhos geralmente são extremamente penosos; por exemplo: "Não me separo por causa das crianças". *Será essa uma verdade?* Para ajudar a criança a lidar com conflitos internos e invisíveis, é preciso ganhar sua confiança. Ela, muito provavelmente desconfiada, testará de muitas maneiras aqueles que tentarem e terá possivelmente enorme medo de ser machucada.

Nessa idade, a criança passa a questionar o porquê das coisas e, conseqüentemente, nota a diferença entre a anatomia feminina e a masculina. A ausência de um pênis na mulher será causadora de fantasias, em meninas e meninos, de que a mãe castrou a filha antes de nascer ou, ainda, de que a menina adquirirá um pênis grande quando for adulta. Essa é a chamada crença na mãe fálica, aquela que tem um grande pênis escondido dentro de si (Celma, 1979).

É também na fase fálica que a criança entra em contato com a morte. Segundo Dolto (1988), essa experiência tem, nesse momento, um sentido de imobilidade apenas. Provavelmente essa associação derive da observação de animais mortos e das explicações de adultos em relação a esse acontecimento, inclusive da associação comum entre morrer e dormir.

Há ainda a fase da latência, na qual a criança "esquecerá" sua sexualidade e se voltará para a aprendizagem e compreensão do mundo, e a fase genital, na adolescência, quando a sexualidade encontrará seu canal genital. Por ser nosso foco as fases que abrangem a formação da criança, não focaremos aqui essas outras fases.

Entre o sentimento e a doença

ÀS VEZES OUVIMOS FRASES COMO: "SE EU GANHASSE NA LOTERIA, ACHO QUE TERIA UM ENFARTE". *MAS SERÁ QUE ISSO É POSSÍVEL?* CLARO QUE AS EMOÇÕES AFETAM O CORPO — AFINAL, FICAMOS BRANCOS DE SUSTO, VERMELHOS DE VERGONHA E TREMEMOS DE MEDO. *MAS ATÉ QUE PONTO AS EMOÇÕES AFETAM A SAÚDE DO CORPO? QUANDO ALGUÉM TEM UMA DOENÇA SÉRIA, COMO CÂNCER OU HIPERTENSÃO, VOCÊ ACONSELHA UM TRATAMENTO PSICOLÓGICO? QUANDO VOCÊ QUER EMAGRECER VOCÊ PROCURA UM PSICÓLOGO?*

Por que não? Sabemos que a ansiedade é, em muitos casos, o motivo do excesso de peso e da tensão, assim como sabemos que a depressão está relacionada ao câncer, mas na hora de procurar um profissional, descartamos a parte psíquica. *Se as duas coisas ocorrem simultaneamente, por que procurar somente o médico?* Talvez porque ninguém saiba ao certo para que serve um psicólogo. *Será que ainda acreditamos que a psicologia só convém para quem "não consegue resolver a própria vida?"*

Para compreender uma doença, é preciso observar como o corpo e a mente – que, na verdade, são uma única realidade vista por pontos de vista distintos – interagem. Segundo Alexander, para uma enfermidade aparecer são necessários três fatores:

- a hereditariedade, ou fator congênito, ou a constituição do sujeito;
- as vivências emocionais, ou seja, os fatores psicológicos (junto com o primeiro fator, é responsável pela predisposição à doença);
- o fator desencadeante, ou atual, que pode ser um aspecto emocional, social ou físico.

Dizemos que a doença é psicológica ou física dependendo do fator desencadeante. Por exemplo, uma pneumonia pode ser desencadeada por uma gripe e, nesse caso, ser uma disfunção física. Mas a mesma doença também pode ser desencadeada por uma grande perda (a morte de alguém querido, por exemplo) e, nesse caso, ser uma disfunção de fundo psicológico. Em ambos os casos, há aspectos físicos e psicológicos envolvidos, já que somos uma mistura de ambos, mas costumamos considerar somente um lado em detrimento do outro. *Mas como eles interagem?*

Vamos considerar o eczema infantil, uma irritação pouco freqüente nas maternidades, mas bem comum em asilos. Ele acomete bebês a partir dos 6 meses e cessa aos 15 meses, sem explicação. Essas crianças foram estudadas e descobriu-se que tinham maior sensibilidade cutânea do que a média das crianças. Esse seria o fator congênito. *Mas, se o problema fosse unicamente a pele, por que apareceria só aos 6 meses?* Para explicar essa pergunta vamos procurar o fator emocional envolvido, que, nesse caso, é a relação mãe–filho. Essas mães eram meninas de 14 a 21 anos que estavam presas. Talvez por estarem presas, ou por não terem noção de causa e conseqüência (já que engravidaram cedo *e* estavam presas), ou por não terem maturidade para ser mães, percebia-se nelas certa dose de ansiedade. Mas, como a ansiedade traz consigo outros componentes, precisamos analisá-la melhor. E, finalmente, temos o fator desencadeante, que, nesse caso, era o fato de as mães não gostarem do contato cutâneo com seus filhos (Spitz).

Agora vamos analisar a comunicação não-verbal. Apesar de nem sempre conseguirmos decodificar o que está acontecendo, "intuímos" quando alguma coisa não se encaixa. Sabemos pela fisionomia se alguém está se divertindo ou não, se está se sentindo à vontade ou não. Se a pessoa está tensa, geralmente senta na beiradinha da cadeira, arqueia os ombros etc. No exemplo citado, apesar de as mães demonstrarem ansiedade em relação a seu bebê, havia certos fatos estranhos: era freqüente que os deixassem cair da cama, algumas vezes de cabeça, ou que fossem encontrados alfinetes abertos dentro da sopinha. Esses comportamentos são no mínimo estranhos. A pesquisa mostrou que a ansiedade era, na verdade, uma rejeição disfarçada. E esta rejeição era sentida pelas crianças, que reagiam somaticamente. Os pesquisadores acreditam que aos 15 meses a criança começa a andar e pode se afastar da mãe, por isso a disfunção cede.

Em muitos casos, a doença é uma forma não verbalizada de comunicação. Vamos pensar no caso das dores de cabeça: muitas vezes, a tensão é responsável por elas; outras vezes, a tensão advém de conflitos emocionais. Se prestarmos atenção, vamos perceber que boa parte das dores de cabeça aparece quando não agüentamos mais de cansaço, nervoso, tristeza ou raiva. Ou seja, a dor de cabeça, na maioria dos casos, está relacionada com a tensão nervosa. Se não temos consciência do que a dor traduz, é mais difícil controlá-la. Por isso tomamos tantos remédios.

Voltando a falar de postura, uma pessoa deprimida, além de arquear os ombros para a frente, geralmente apresenta uma fisionomia em que os traços predominantes são "caídos": a boca desenha um semicírculo para baixo, os olhos são taciturnos, sem brilho, e até o próprio andar se transforma. O corpo se expressa de forma diversa da usual, traduzindo na forma o que a pessoa tem por dentro. Da mesma maneira, uma pessoa satisfeita na vida tem tendência a andar mais ereta, a olhar mais de frente, a sorrir mais e a ser mais flexível com as coisas. A postura de cada pessoa não depende só dos sentimentos, devemos considerar a cultura em que ela foi criada, os hábitos de sua família e o momento que ela está vivendo. Por exemplo, no Brasil é comum uma empregada baixar os olhos para o patrão, já nos Estados Unidos pode-se olhar nos olhos do patrão sem ser considerado mal-educado. Essa é uma postura aprendida segundo os costumes vigentes em cada comunidade. Existe outro tipo de postura ou atitude aprendida: falar igualzinho ao pai, ter o jeito de andar da mãe, o mau humor do avô, a ternura da avó etc. Do mesmo modo que aprendemos a postura física, podemos também "aprender" as doenças da família. Não estou dizendo que toda doença é aprendida, mas que aquelas cuja base é a tensão muscular podem ser "ensinadas". Se a mãe briga com o marido e depois fica com dor de cabeça, a filha pode entender que essa dor vem do desentendimento ou das divergências. E apreende inconscientemente a maneira de ser daquela família. Portanto, as emoções podem interferir no tônus muscular. *Mas quanto da personalidade de cada um está envolvido?*

Uma médica chamada Helen F. Dunbar se interessou pelo assunto e descobriu que existem perfis de personalidade correspondentes a diversas doenças. Para isso, levantou a história das doenças, as vivências infantis e a forma como as pessoas reagiam a determinadas situações (perfil psicológico). Em um de seus estudos, sem querer esbarrou no que denominou "predisposição a acidentes". O que aconteceu foi o seguinte: quando se faz uma pesquisa, é necessário levantar o perfil psicológico da doença que está sendo estudada, por exemplo a asma. *Mas como saber se o que foi descoberto pertence somente aos portadores de asma, e não a qualquer pessoa?* Para ter como base o perfil psicológico da população, são usados os chamados grupos controle, compostos por diversas pessoas que não têm asma. Depois é preciso comparar os resultados: se o grupo de asmáticos apresentar características que não apareceram no grupo de controle, dizemos que elas são específicas dos asmáticos. Ao fazer uma dessas pesquisas em um hospital, Dunbar usou como grupo controle alguns pacientes do pronto-socorro, no caso vítimas de acidentes. E, para seu espanto, notou haver um perfil psicológico diferente dos demais e com características próprias. Por exemplo, essas pessoas, em sua maioria, já haviam sofrido outros tipos de acidentes. Tinham saúde de ferro, mas geralmente se machucavam sozinhas e no mesmo lugar. Eram com freqüência pessoas impulsivas e instáveis, apresentando também outros aspectos que não cabe aqui aprofundar. Podemos perceber, então, que o emocional é capaz de facilitar acidentes e, portanto, alterar nosso destino. O emocional pode influenciar-nos a ponto de aumentar nosso tempo de vida. Um médico que conheço contava uma história verdadeira: uma senhora de idade avançada se encontrava desenganada e chamou um advogado para fazer seu testamento. Ela tinha dois filhos, mas só gostava de um e, em seu leito de morte, pediu que somente este herdasse seus bens. O advogado explicou que isso era impossível. A velhinha, indignada, disse: "Então não morro". E por muito tempo permaneceu viva, contrariando as expectativas médicas.

A tal ponto chega a influência do psicológico em nosso funcionamento que houve um médico, dr. Ring, que resolveu diagnosticar doenças por meio de uma pequena entrevista com o paciente. Para que não fosse dada nenhuma pista da disfunção, pedia ao paciente que cobrisse seu corpo com uma manta e não dissesse nada que tivesse relação direta com a enfermidade. Mesmo com todos esses cuidados, Ring pediu a dois outros colegas que ficassem na sala, para ter certeza de que nada escaparia do indivíduo além de seu perfil psicológico. Ele conseguiu diagnosticar corretamente todos os casos de hipertiroidismo e mais da metade dos casos de úlcera péptica, oclusão coronariana, asma, diabetes, hipertensão e colite ulcerativa. Esse experimento torna claro que o psicológico tem muito mais correlação com a disfunção física do que poderíamos imaginar (*apud* Howard e Lewis, 1999).

Para finalizar, acho interessante nos aprofundarmos mais a respeito do significado das doenças. Para isso, enfocaremos o hipocondríaco. A pessoa hipocondríaca é aquela que parece estar sempre à procura de uma doença. Estudos aprofundados mostram que esses pacientes têm uma vivência em comum: muito cedo na vida tiveram de arcar com responsabilidades de adultos e, regra geral, não podiam "se largar" nem que quisessem. Schmale comenta que essas pessoas não conseguem ser dependentes de outras a não ser quando doentes, por isso precisam de uma desculpa para si mesmas (*apud* Mello Filho, 2002). Aliás, em nossa sociedade, tudo é permitido aos doentes: ficar na cama, aposentar-se, ser internado e até se tornar dependente, tendo atenção integral. Não estou dizendo que isso é errado, mas que parece vergonhoso precisar de descanso, carinho, atenção ou até proteção quando se está "saudável". Voltando aos hipocondríacos, o "ficar doente" permite que eles sejam dependentes e aceitem a proteção dos outros. Fica óbvio que, quando há uma situação com a qual esse indivíduo não consiga lidar sozinho, haverá uma recidiva, ou seja, a enfermidade retornará.

Quero acabar este capítulo chamando a atenção para a quantidade de alterações fisiológicas que nossas emoções criam e para o bloqueio que existe em relação a nossos sentimentos e carências. Emocionar-se implica a demonstração do sentimento – e isso ainda é pouco aceito em nossa cultura.

Com o erro também se aprende

POR SER ALGO QUE FIZEMOS E GOSTARÍAMOS DE NÃO TER FEITO, O ERRO É ALGO QUE DIFICILMENTE CONSEGUIMOS ENCARAR. ERRAR É QUASE SEMPRE SINÔNIMO DE CULPA, MAL-ESTAR E ARREPENDIMENTO. PRESSUPÕE CONSEQÜÊNCIAS QUE MUITAS VEZES NÃO QUEREMOS ENCARAR. POR GERAREM TANTO MAL-ESTAR E SOFRIMENTO, EVITAMOS OLHAR PARA ELAS, E É JUSTAMENTE ISSO QUE FAZ QUE O PROBLEMA CRESÇA E SE TRANSFORME NUM MONSTRO.

Quanto mais queremos mantê-lo a distância, mais e mais as dificuldades se avolumam. *Será que casamos com a pessoa certa? Escolhemos certo nosso trabalho? Educamos nossos filhos da maneira mais adequada?* Lidamos com essas dúvidas como se houvesse uma resposta certa ou, em outras palavras, como se pudéssemos evitar qualquer implicação danosa ao optar por outro caminho. A dúvida descortina um conflito: de um lado está a razão, de outro a emoção; de um lado está o certo, de outro o errado. Dessa confusão nasce a culpa: fiz de uma maneira, mas deveria ter feito de outra. Mesmo que na ocasião só houvesse uma maneira de proceder, na hora da avaliação enxergamos pelo menos duas opções – e sempre julgamos ter escolhido o caminho errado.

O erro é avaliado como se tivéssemos, intencionalmente, cometido um deslize, em geral deixando a descoberto nossos piores defeitos. Com relação aos filhos, então, a questão piora. Além de os pais terem de oferecer a educação que consideram adequada a seus filhos, precisam lidar com a maneira com que estes agem com os amigos, com os requisitos que a sociedade cobra e, ainda, com nossas frustrações e medos. Muitos pais, por exemplo, pretendem que os filhos alcancem metas que eles não conseguiram. "Eu não pude estudar, mas meu filho vai ser médico." Quando o filho resolve que quer ser advogado, o pai, desesperado, pergunta-se onde foi que errou. *Mas será que errou?* Esse é outro problema: quando olhamos certos erros, pensamos que não há solução possível para resolvê-los. Mas isso não é totalmente verdade. Pode não haver soluções perfeitas, que apaguem o que aconteceu antes, mas sempre conseguimos encontrar uma forma de resolver pelo menos parcialmente a dificuldade. Pode até ser que o erro nos mostre outros caminhos com os quais nem sonharíamos. Isso se tivermos coragem para olhar o erro e pensar em alternativas para a situação.

Pensem na história da humanidade e em seus progressos. Lembrem-se, por exemplo, de Alexander Fleming, que precisava fazer uma lâmina de cultura de bactérias e, por azar (ou sorte), encontrou um halo sem vida nenhuma. Em vez de lavar a lâmina e começar tudo de novo, como muitos outros cientistas devem ter feito antes dele, ficou curioso para compreender o que dera errado e descobriu que ante algumas substâncias as bactérias morrem. Assim foi descoberto o primeiro antibiótico, a penicilina, responsável por muitas sobrevidas durante a guerra e depois dela. *Quantas vezes você ou seus filhos não foram salvos por antibióticos?* Houve um caso, no Brasil, de um grupo de pessoas que morreram ao se submeter à diálise (filtramento dos líquidos do corpo quando os rins não estão funcionando a contento). Somente um desses indivíduos conseguiu sobreviver. Intrigados, os médicos avaliaram os protocolos e descobriram que uma das enfermeiras havia errado em dez vezes a concentração de sal na água (as diálises funcionam com um líquido que se assemelha à composição do sangue). Exatamente por isso a água excedente no corpo havia sido eliminada mais rapidamente e o paciente sobreviveu. Hoje em dia, essa técnica é fundamental em acidentes automobilísticos ou por arma de fogo, já que a grande concentração de sal evita paradas cardíacas, fazendo que toda a água disponível no organismo migre para as artérias e propiciando maior sobrevida para que a vítima consiga chegar ao hospital viva e sem precisar de transfusão de sangue. *E o que dizer de Cristóvão Colombo, que pensava ter ido para um canto e chegou a outro?* Achava que a Terra era redonda e, por isso, chegaria às Índias, mas chegou à até então desconhecida América

Central. *E Freud, que se viciou em cocaína e, por isso mesmo, descobriu a anestesia ocular? Essas histórias me fazem pensar: por que temos de esconder nossos erros? Por que achamos que errar é tão ruim? Por que não aprendemos com a experiência e ensinamos nossos filhos a olhar o que aconteceu?*

Nossa cultura é montada em cima de acertos. Erros precisam e devem ser escondidos. Isso traduz a idéia de que errar é proposital. Faz que empurremos os erros para baixo do tapete. O psicólogo Roberto Ibanhez sempre dizia "Não tenha medo de errar, tenha certeza de que isso vai acontecer e relaxe". Isso posto, precisamos pensar no que fazer quando erramos. Mesmo porque todo mundo erra todo dia. O que atrapalha, na maioria das vezes, não é o erro em si, mas a incapacidade de admiti-lo. Com essa postura, ensinamos às crianças que é feio admitir um erro. Esse é o problema: fomos educados achando que não devemos errar nunca. Assim, não aprendemos a consertar o que destoa do *script*. Pior que isso: achamos que apenas nós erramos. Os outros conseguem sobreviver sem falhas.

O receio de reconhecer um erro "publicamente" é o medo de ser diminuído em relação a outras pessoas que, a nosso ver, são perfeitas e com certeza vão nos achar um pobre coitado. Essa é a vergonha de se mostrar incompleto. Tal mito exige uma perfeição inalcançável. Como a expectativa não é possível, gera frustração e necessidade de escondermos nossas falhas. Tentar esconder e negar o erro óbvio é como sublinhá-lo com neon pisca-pisca: ele se torna cada vez mais visível. Então o filho adolescente questiona exatamente o que queremos encobrir ou, em outras palavras, põe o dedo na ferida. Nessa situação, restam duas possibilidades: reconhecer nossa falha ou castigar o filho, com raiva, por tornar visível o que queríamos esquecer. Ao aceitar que erramos, ensinamos a nossos filhos que as pessoas erram e continuam sendo elas mesmas. Ensinamos a aceitar o erro como parte do ser humano, sem o pavor constante da perda de afeto ou respeito.

Antigamente, acreditava-se que criminosos deveriam ficar sozinhos e pensar nas conseqüências do que fizeram. O objetivo era a pessoa se arrepender e se penitenciar pelo erro. Daí o surgimento do local chamado "penitenciária". Com o tempo, essas idéias foram se perdendo; esqueceu-se o princípio de uma "penitenciária" e surgiu o princípio da punição e ridicularização. Perdeu-se a essência do problema: o pensamento sobre uma ação errada. O importante passou a ser punir, para que o fato não se repetisse. A responsabilidade pela ação deixou de ser do sujeito para se tornar daquele que o fiscalizasse. Isso explica o castigo, por exemplo, diante da nota baixa: repreendemos a criança para que ela não ouse repetir seu mau desempenho, mas nos esquecemos de olhar as causas da falha. *Por que ela foi tão mal naquela matéria? Será que a repreensão pode transformar uma nota baixa num sucesso?* Nesse caso, precisamos discutir a intencionalidade do ato. Se você pensa que tirar notas baixas é escolha da criança, cabe o raciocínio do castigo. Mas se a nota é reflexo da não-compreensão de conceitos, se é sinal de problemas mais sérios – doença de um dos pais, problemas em casa, agressão na escola – com certeza os castigos vão piorar o quadro. Sem falar que a nota baixa pode ser uma forma que a criança encontra de chamar a atenção dos pais. Como se diz: "É preferível ser bonito, rico e inteligente a ser pobre, feio e desnutrido". Tradução: ninguém escolhe se dar mal, ao menos não conscientemente. *Então por que a nota baixa?*

Uma revista semanal relatou o caso de um menino que contara à avó que estava sendo abusado sexualmente por um padre. *Por que para a avó?* Porque ela não batia nele. *Por que não contou aos pais antes, evitando tanto sofrimento?* Porque ele achava que estes não acreditariam nele e acabaria apanhando. *Será que esse mal-estar não estaria refletido em outras ações (nota baixa, medo de ir à igreja, pesadelos etc.)? Qual é a lógica? Acreditar que as crianças mentem sobre assuntos tão delicados só para incriminar os adultos? Ou será que o problema é mais sério, pois saber que um filho foi molestado nos coloca na situação de ter de enfrentar o problema, ter de confrontar pessoas que amamos, consideramos ou tememos (como é o caso de autoridades)? Pergunto: como esses pais ficaram quando souberam o que seu filho estava passando?* Infelizmente, histórias assim são comuns. Ser agredido por amigos, inimigos ou professores é algo corriqueiro não só no Brasil, mas no mundo – é o famoso *bullying*. Muitas revistas de psicologia analisam essa nova tendência, sugerindo que os tiros de Columbine podem ter sido uma reação a agressões e humilhações sistemáticas por parte de alguns alunos. Isso nos leva a pensar de quem é o erro.

Se a punição é muito violenta, a tendência é que a criança não assuma suas falhas. Contudo, se não há punição não há construção de sociabilidade, não há percepção do outro e da conseqüência de cada ato. A punição, portanto, é necessária, mas deve ser bem dosada. Talvez uma das questões mais importantes de nossa vida seja reconhecer nossas capacidades e limitações. Esse conhecimento nos permite ampliar e aprimorar nossos conhecimentos. Quem cresce sem enxergar seus pontos fracos tem dificuldades na vida sem imaginar o porquê. Por exemplo, se penso que sei falar inglês, mas não sei, terei problemas para conseguir bons empregos e não saberei a razão dessa dificuldade. Ao mesmo tempo, não passará pela minha cabeça que preciso estudar inglês para conseguir melhores empregos, pois acho que já tenho esse conhecimento. Reconhecer uma falha é o primeiro passo para não cometê-la mais. Cansei de ouvir pais e professores dizerem que não podem fazer nada em determinadas situações. Isso é mentira. Ainda que não possamos fazer tudo, sempre há algo que possa ser feito para enfrentar ou aliviar desafios. Entre a onipotência ("posso tudo") e a impotência ("não posso nada") está a potência, ou seja, o que tenho capacidade para fazer/ser.

Se não assumimos desacertos, não há como consertá-los. Sempre acabaremos colocando a culpa em outra pessoa, mas toda vez que depararmos com o problema agiremos do mesmo modo. Assim, se não avaliarmos por que casamos com uma pessoa com determinadas características, não adianta nos separarmos dela porque acabaremos achando alguém com as mesmas características. É por isso que ouvimos frases como "Todos os homens são iguais", "Filho, só muda de endereço", "Mulher é sempre a mesma coisa". Cada falha na nossa vida deveria servir para que pudéssemos nos desenvolver melhor. Portanto, ao "enterrar" nossas falhas, deixamos de aprender com elas e, ato contínuo, não podemos evitá-las. Em nome do desejo de ser infalíveis, perdemos a chance de crescer, pois é em cima de algo que não deu certo que surgem novas idéias. Foi a possível falta de petróleo que fez o Brasil desenvolver a tecnologia do álcool; a necessidade de comunicação é a responsável pela tecnologia dos celulares; a pressa, pelos automóveis; a curiosidade, pelas editoras. Lembrando Maria Emilia Lino da Silva: "Se a necessidade é a mãe das invenções, a comodidade é o pai". E viva os controles remotos!

Talvez o que mais irrite os adultos, de modo geral, seja considerar o erro intencional. Por isso, os erros são tão dramaticamente castigados. Muitos adultos lidam com as falhas das crianças como se elas tivessem errado propositalmente e somente para irritá-los. Quando alguma coisa não sai conforme o esperado, é preciso olhar com calma e descobrir onde está a deficiência – e, inclusive, se há mesmo uma deficiência ou somente divergência de opiniões e posturas. É bom lembrar que cada geração tem seus desafios, e os pais, em geral, acham que os desafios dos filhos são maiores e piores. Seus próprios erros de infância e adolescência já passaram, estão no passado. Agora, deixar o filho sair à noite e não saber a hora em que ele vai chegar é outra história, porque ainda não aconteceu. *Devemos concordar que nossos filhos tragam o(a) namorado(a) para dormirem em casa? Que bebam com amigos em casa? Devemos deixá-los participar de uma excursão da escola?* Essas questões não têm respostas prontas. Cada cuidador vai ter de decidir o caminho que trilhará. E mudar de caminho se achar que errou.

As escolhas de cada pai dependem de como é o filho, do lugar onde moram e do momento pelo qual estão passando. Isso quer dizer que podemos permitir mais opções para os filhos que são mais seguros porque achamos que eles podem lidar com situação de pressão, e podemos negar outras tantas coisas para outros mais inseguros porque estes ainda não estão preparados para arcar com situações de conflito. Atenção: isso não quer dizer que se deve deixar o filho em uma redoma, mas ir desenvolvendo com ele elementos para que mais tarde ele possa se defender. Por exemplo, dar condições para que seu filho tenha uma estrutura capaz de agüentar a pressão do grupo e ser ele mesmo – sem ter de imitar ou ceder em questões com as quais não queiram ou não estejam preparados para lidar – é fundamental quando falamos em drogas ou álcool. E é essencial quando falamos em sexo – o indivíduo precisa saber que não tem de viver certas experiências porque o parceiro quer. Perceber essas nuanças depende de ouvir seus filhos quando eles lhe contam sobre o que aconteceu na escola. Ou, depois de uma festa, ouvir seus comentários sobre as ações dos amigos. Conhecer os filhos implica receber seus amigos e ver como eles se comportam juntos ou, na linguagem deles, "ver como a coisa rola". Convidar os amigos do filho para um lanche no fim de semana demanda conversas descontraídas na mesa, e isso ajuda os pais a saberem como seu filho age na presença dos amigos, quem são esses amigos, como eles pensam. E quantas mães não recebem os amigos dos filhos porque dá trabalho...

Contar a seu filho como você se sentiu, de quem você gostou mais e até o que não gostou pode auxiliá-lo a ouvi-lo e, mais adiante, a confiar em você. E você nele. Você pode perceber que seu filho demonstra maturidade nas escolhas que faz. Tenho pensado muito sobre as músicas de *rap*, que falam de assaltos e mortes. Em conversas com adolescentes, percebi que essas músicas são as que têm letras e histórias mais elaboradas. *E, cá entre nós, qual a diferença entre a música violenta e os bang-bangs a que adultos assistem e acham tão divertidos? Qual a diferença entre elas e* Máquina mortífera *ou* Rambo?

Argumento não é desrespeito. Portanto, deixe seu filho discutir e explanar seus pontos de vista com você, bem como rebater suas colocações. Isso não é desrespeito e faz parte da vida. "É errando que se aprende." Essa frase é tão comum, mas tão pouco utilizada! Basta pensar no quanto os brasileiros lutam por seus direitos – pouquíssimo. Costumamos pensar que se erramos temos de arcar com os resultados. Dessa maneira, não lutamos pelo que é nosso por direito. *O celular não pega, quem* mandou escolher esta operadora? *O carro esta com defeito, da próxima vez escolha outra concessionária. Votou em político que rouba? Azar o seu, são todos assim.* E assim vamos contribuindo para que as coisas não mudem. *É claro que há mesmo uma parte que é nossa responsabilidade, mas e quanto a defender nossos direitos? Quem deseja comprar um celular que não funciona? Quem quer um político que rouba o que arrecada de nós? Até quando vamos nos deixar explorar?*

Não está certo colocar a culpa nos outros nem carregá-la sozinho. Para uma sociedade mais justa, é preciso que cada um saiba qual parte lhe cabe e possa igualmente cobrar dos responsáveis a parte que cabe a cada um. Com nosso direito de voto, temos a força do consumidor que pode boicotar algo que não está adequado. Muitas vezes, sentimo-nos culpados até por situações completamente fora de nosso controle. Culpamo-nos por não prever que não deveríamos ter ido por determinado caminho, chegado em tal horário, saído por aquela porta. Quando agimos assim, pensamos ser capazes de controlar o incontrolável. Especialmente quando se trata de morte – mesmo não tendo como controlar o destino, nossa vulnerabilidade cria mecanismos pelos quais nos sentimos culpados por questões que nem sequer imaginávamos. É como se pudéssemos mudar o destino. Daí as superstições.

Poder perdoar – saber que erros são comuns e passageiros ajuda a aprender com eles. *Mas quem realmente acredita nisso?* Mostrar que os pais perdem a paciência, que podem cometer injustiças – mesmo sem querer – também é educar e permite que a criança perceba as próprias falhas sem tanto medo. É na identificação com os pais que a criança aprende a ser. Nesse caso, se a mãe ou o pai podem reconhecer que erraram, ela, que é menorzinha, também pode. De certa forma, essa "humanização" aproxima filhos e pais, tornando-os mais acessíveis. Admitir que algo não saiu conforme o esperado e mostrar que não se deve desistir facilmente é mostrar que nem tudo é definitivo. Isso ajuda as pessoas a lutar mesmo depois de "fracassos" ou "erros". Ensina a respeitar as características de cada pessoa e situação, percebendo o que pode e o que não pode ser alterado.

Mediante erros e injustiças da vida, vamos tentando novas saídas, descobrimos o valor das coisas e como lutar por elas. Lutar e suportar frustrações para conseguir o que se quer talvez seja o mais importante nos dias de hoje. A postura de batalhar pelo que se quer é ensinada pelo comportamento dos pais, e não por falatório vago. Reside aí importância do ceder ou exceder seus limites. Os pais que sempre abdicam às próprias vontades e cedem ao desejo dos filhos não o ensinam a lidar com a dificuldade, com a crítica. Ao passo que os pais que não cedem nunca levam o filho a burlar as regras existentes (com mentiras, roubos etc.) ou aceitá-las sem discutir, em atitude apática. Ambos os casos resultam em crianças despreparadas para enfrentar dificuldades.

Todo mundo quer um filho que abra o próprio caminho e vença na vida – pessoal e profissionalmente. Mas grande parte das armas e técnicas para enfrentar essa batalha devem ser aprendidas dentro de casa. Se os pais tolhem os filhos com cuidados demasiados ou excesso de disciplina, talvez não os estejam preparando para encarar o mundo. *Mas como fazer para que os filhos reajam?* Para isso, é importantíssimo que eles tenham também contato com o lado "amigo" e "companheiro" dos pais e possam contar com seu carinho e atenção. Por meio da comparação, perceberão que todo mundo tem um lado legal e outro chato, um que acerta e outro que erra – e aprenderão a respeitar e integrar os dois lados. Para que as crianças aprendam a respeitar os pais, porém, é fundamental que seus humores, erros e faltas também sejam respeitados.

Anexos

A ADAPTAÇÃO DA CRIANÇA À ESCOLA – E VICE-VERSA

Uma questão importante a se considerar quando a criança apresenta problemas na escola é a adaptação. Quando não nos sentimos bem em algum lugar, tendemos a manifestar nossa insatisfação de diversas maneiras – ficando calados, reclamando, afastando-nos. A criança também apresenta essas reações. A diferença é que não tem a autonomia para simplesmente abandonar determinados lugares se assim o desejar. A escola é um desses casos. Fala-se muito da importância de a criança ir bem nas provas, respeitar os professores, não fazer bagunça – mas, muitas vezes, ela não consegue se comportar tão perfeitamente, ainda que o deseje, pela simples razão de não se sentir bem naquele ambiente.

Muito do que a criança sentirá com relação à escola constrói-se nos primeiros dias de aula. Por isso, antes de tudo, a preocupação fundamental de um professor ao receber um novo aluno deve ser conhecê-lo, fazer que perceba que é visto, ouvido e compreendido naquele ambiente. Se sentir que pode participar, ele efetivamente terá vontade de compartilhar suas experiências, não terá medo de expor suas dúvidas e contribuições aos professores e à classe. A criança sentirá que é respeitada – e retribuirá respeitando – se o professor responder francamente às suas perguntas, explicar o que vai ser feito, esperar que ela possa se manifestar sem ridicularizá-la ou passar por cima de seus desejos. Tudo isso parece muito fácil e seria não fosse o fato de que muitas vezes o professor acaba entrando em contato não com a criança, mas com um rótulo, ou sendo vítima dos próprios preconceitos, e passa a tratar aquela como uma criança "mimada por ser filha única", ou "caçulinha", ou "encapetada".

Conhecer alguém é tarefa que leva tempo e causa certa ansiedade de ambas as partes. Por isso mesmo, muitos profissionais tentam "pular essa fase" tão importante. Entrar em contato com a criança significa conhecê-la e deixar-se conhecer por ela, falar e ouvir, perguntar e esperar resposta. Significa compreender o que a criança está querendo e fazê-la entender o que você está pedindo. Para o professor, entrar em contato com o aluno também significa delimitar o território de ambos. O aluno vai querer saber se o professor é mole, rígido, fácil de convencer etc. O professor vai querer saber se o aluno se deixa cuidar docilmente, se é genioso, se é bagunceiro, se é tímido etc. Os primeiros contatos costumam ser também delicados, já que temos de mostrar nosso melhor para uma pessoa que não sabemos quem é. Carl Rogers costumava dizer que, depois dos primeiros contatos, tendemos a mostrar nosso pior – para testar se aquele ser na nossa frente agüenta – e depois podemos mostrar nossos aspectos mais frágeis.

A escolha, por parte do professor, de cada procedimento deve-se não somente à sua ideologia, mas, sobretudo, às suas condições de trabalho. Na verdade, não é importante seguir esta ou aquela conduta, desde que o professor entenda que é mais fácil para ele do que para o aluno dar o primeiro passo para a aproximação. Por isso, convém que o profissional vá ao encontro da criança, apresentando-se, apresentando-a aos outros alunos e mostrando-lhe o ambiente. Isso porque muitas crianças são tímidas, e a atitude de pouca receptividade pode ser somente inibição. Outro motivo é que tanto professor quanto criança podem formar juízos errados a respeito um do outro, e a tentativa de aproximação pode permitir que se conheçam melhor e mudem de opinião. Muita efusividade, porém, pode atrapalhar caso o aluno esteja assustado. O melhor, nos primeiros encontros, é que o professor seja tranqüilo e observe as reações da criança.

Por experiência, sabemos que o ser humano não costuma mostrar seus pontos fracos de imediato. Assim, é de estranhar a criança que logo de início mostra o que tem de pior. Precisamos estar atentos para ver se o comportamento da criança não está relacionado a um pedido de socorro, se não há maus-tratos em casa, porque criança que é agredida agride quando fica brava. *Mas, atenção*: nem todas as crianças agressivas são agredidas em casa. Isso deveria fazer que pensássemos no significado de tal ato. Por outro lado, sabemos que a criança que nunca foi à escola demonstrará, em certos momentos, reações de medo, não obrigatoriamente pela aula em si, mas por ter de se entregar a um adulto no qual ainda não confia. Há também de se considerar que as crianças têm fantasias a respeito das mães: "O que elas fazem quando os filhos estão na escola?", "O que estariam fazendo com meu irmãozinho?", "Por que ela quer que eu vá à escola?" É bom lembrar que, para algumas famílias, ir à escola é um castigo. Para entender melhor, tentemos nos lembrar de como nos sentimos no início de um curso qualquer, quando não conhecemos nenhum dos presentes. *Como você se sente nesse primeiro contato? E, depois de algumas aulas, quando começamos a nos relacionar com outras pessoas e conhecer sua história de vida, percebendo o que temos em comum com elas?* Quando nos "enturmamos", sentimo-nos mais à vontade e podemos até dizer que ficamos mais motivados para aprender e freqüentar aquele lugar. Pois bem, o alunozinho também aguarda o momento em que o "gelo" possa ser quebrado e o professor passe a ser alguém que ele conheça e em quem possa confiar. Confiança exige tempo, exige teste, exige conhecimento. Essa é a importância de deixar a criança explorar o espaço e saber para que serve cada objeto, ou a rotina da aula.

Sem dúvida, uma criança que não conheça o professor ou não consiga entrar em contato com ele terá receio de ficar sob sua responsabilidade. Por outro lado, demonstrações de medo aparecerão de uma forma ou de outra e muitas vezes é mais fácil lidar com a situação no começo do que mais tarde, quando a criança tende a ser considerada "birrenta" e seu sentimento é desconsiderado. Uma pesquisa feita por Anna Freud (1978) em um hospital demonstrou que as crianças que conseguiam expor abertamente seus receios no início do tratamento eram as que mais cooperavam com os profissionais envolvidos e, ao mesmo tempo, as que tinham melhor prognóstico de cura. Já as crianças que "engoliam" seus receios acabavam por manifestar certa incapacidade de se curar, apresentando sentimentos regressivos que podiam estar associados a uma sensação de raiva contida ou abandono. Por ter sido feito em um hospital, as conseqüências desse estudo, inclusive as de regressão, foram bem mais visíveis do que seriam em uma escola, mas nos ensinam que muitos dos comportamentos que costumamos julgar como problemáticos no início de um tratamento podem, ao contrário, significar bons prognósticos.

Falar diretamente com a criança possibilita que o professor compreenda o que a está incomodando, bem como perceber os medos que ela possa ter. De posse desse conhecimento, o professor pode esclarecer situações e criar um canal de comunicação com o aluno. É sempre bom lembrar que, quando a "reclamação" da criança é transmitida pela mãe, fatalmente conterá também anseios e preocupações desta. É isso que chamamos de "ruído na comunicação": aquelas emoções e recortes feitos por quem conta algo por outra pessoa, capazes de alterar o sentido original do que foi dito. Uma comunicação direta e sem ruídos com a criança ajuda, e muito, o relacionamento, tornando-o menos desgastante para ambas as partes.

O passo-a-passo da anamnese

Para compreender as crianças consideradas difíceis (com dificuldades de aprendizado, bagunceiras, distraídas etc.), a escola precisa enxergá-la como um ser integral. Assim como é importante observar seu comportamento na escola e ver como reage em cada situação, é fundamental conhecer sua vida fora da escola, sua relação familiar, sua situação econômica, como ela é tratada pela família, como reage, quais são as situações pelas quais está passando no momento, enfim, qual é a sua rotina. Conhecer os pais do aluno também é muito importante, uma vez que estes exercem sobre a criança influência total e decisiva.

Sem dúvida, nunca poderemos saber exata e completamente como alguém agirá, mas podemos compreender melhor seus motivos, a fim de ter mais calma, paciência e alternativas para agir. É justamente aqui que entra a anamnese, uma tentativa de encurtar o tempo necessário para conhecer a criança mais a fundo.

Há dados em relação à vida familiar da criança que contribuem para o professor entender melhor o momento específico que ela vive. O nascimento de um irmão, a morte de uma pessoa querida, a separação dos pais, doenças em família e assim por diante. Portanto, o professor deve deixar que a mãe se estenda um pouco mais nas respostas; pode ser que ela lhe revele informações fundamentais que não apareceriam de outra maneira.

Não estou querendo dizer que os professores devem se tornar psicólogos das mães. Aliás, isso nem seria adequado. Mas, às vezes, certas indicações são essenciais. Por exemplo, uma mãe não conseguir responder muito claramente sobre a fase de amamentação pode ser sinal de diversas situações distintas: talvez ela tenha esquecido, talvez aquele filho tenha significado muito específico e, portanto, reprimido, talvez, ainda, a criança seja adotada e a mãe nunca confessou. Todos os aspectos sutis aparecem na entrevista, se soubermos lê-la. Cada uma dessas informações nos fará enxergar caminhos para o entendimento da pessoinha em questão, porque a maneira de agir da mãe influencia (e muito) a criança.

Algumas respostas podem parecer razoáveis pelo conteúdo, mas, se estivermos atentos e sensíveis, perceberemos distorções. Essa sensação, lembremos mais uma vez, pode ser a mesma da criança. Então, se a mãe realmente estiver escondendo que a criança é adotada, esta também terá a sensação de que "há algo estranho no ar".

É fundamental observar como a família – a mãe ou quem trouxe a criança – se relaciona com a criança é também muito importante, porque às vezes a mãe pode dizer que adora a criança mas demonstrar enorme irritação com sua presença. Pode dizer que é muito exigente com seu filho e, aos nossos olhos, parecer permissiva. Essas informações que colhemos por meio da observação também contribuirão para nossa visão daquela família e daquela criança, guiando-nos à forma mais adequada de agir.

Outra questão importante a ser considerada é que, na maioria das vezes, quem leva o filho à escola e comparece a reuniões e atendimentos é a mãe. Mas as esperanças e decepções da criança também são colocadas no pai. Se não o conhecermos, não saberemos como lida com essas situações. O pai, por estar ausente, pode acabar polarizando toda reação, o que causa, com freqüência, situações em que a mãe surge como a "compreensiva" e o pai como o "intransigente". São as famosas evasivas: "Meu marido não quer", "Meu marido acha muito caro". Perceba que, nessa fala, a mãe não se coloca, não diz "Nós achamos muito caro". A responsabilidade do impedimento fica toda sobre o pai.

A mãe, nesse caso, fica só com a parte boa – e, lembrem, ninguém é totalmente bom ou totalmente mau. Portanto, quando a mãe é a mensageira de um "não", ela também discorda, também é autora do "não". Por isso, devemos ficar atentos ao tipo de relação que a mãe estabelece com o profissional. E devemos insistir em ver o pai também, pelo menos no começo, pois, ainda que ele não venha, fica estabelecida a posição da escola de encará-lo como igualmente responsável pela educação.

Tudo se complica ainda mais quando o casal está separado e usa os filhos e tudo que os cerca como armas de guerra. Nesses casos, o colégio pode se transformar em campo de luta, termômetro do amor do pai pelo filho: "O pai nem liga mais para ele, só pensa na nova família", "Escolhi esta escola porque sei que é a melhor [leia-se, mais cara], e o pai tem de arcar com os cuidados que tenho com meu filho; não é porque nos separamos que ele ficará livre das responsabilidades", "Soube que a escola faz um preço em conta e, no momento, é só o que o pai pode dar para ele" [leia-se, "Seu pai não liga para você, o jeito é contar só comigo, meu filho"]. Caso não estejamos atentos para esse jogo, provavelmente tomaremos partido em uma luta que só atrapalhará a vida da criança.

A aplicação da anamnese requer o comprometimento de absoluto sigilo por parte da escola. É preciso que haja uma distinção bem clara entre a anamnese e outras conversas mais informais, que também fazem parte do cotidiano escolar. Fique atento para não tropeçar em preconceitos e, em conseqüência, deixar escapar esse momento precioso.

É importante lembrar que toda entrevista desperta algum nível de ansiedade. Portanto, deveríamos começar por dados mais gerais e impessoais, deixando os mais íntimos para o final. Dessa forma, esperamos que o entrevistado vá se sentindo à vontade ao longo da conversa e possa falar de aspectos mais delicados no final. Dicas:

1) Não é aconselhável forçar ou perguntar assuntos nos quais os pais não queiram tocar, pois pode haver questões psíquicas envolvidas que, se forem destravadas, você terá de lidar com os sentimentos e as emoções que forem desencadeados.

2) Só pergunte o que você sabe que é importante para aquele caso. Curiosidade aqui não vale.

Para organizar a coleta de dados da anamnese, dividimos esse procedimento em nove partes específicas.

Primeira parte	Histórico escolar
Segunda parte	Rotina
Terceira parte	Hábitos de higiene e saúde
Quarta parte	Sociabilidade
Quinta parte	Especificidades de saúde
Sexta parte	Desenvolvimento
Sétima parte·	Relacionamento familiar
Oitava parte	Potencialidades
Nona parte	Limites

Primeira parte: histórico escolar

Nesta etapa, são considerados aspectos relativos ao aproveitamento escolar. As questões procuram detectar possíveis problemas escolares anteriores, ou seja, se a criança já veio com alguma perturbação que deveria ser levada em conta de modo que o professor tenha mais paciência com ela ao longo da adaptação.

Segunda parte: rotina

Esta etapa foca os hábitos da criança, a maneira que seus pais a tratam, suas atividades em casa e na escola etc. As perguntas relativas ao cotidiano da criança também podem ser feitas diretamente a ela, para que tenha a oportunidade de fazer as próprias observações.

Terceira parte: hábitos de higiene e saúde

Esta etapa é determinante para conhecer melhor como a criança é cuidada e o conhecimento de seus pais sobre hábitos de higiene e saúde. Aqui, o professor pode descobrir se os pais se preocupam quando a criança está desagasalhada, ou cansada, ou com medo. Quando os pais se esquecem de ensinar os filhos a se comunicar com o próprio corpo, acabam causando complicações antes inimagináveis, como estresse infantil. Deixar que os filhos comam coisas não muito saudáveis também é uma maneira de não prestar atenção neles.

QUARTA PARTE: SOCIABILIDADE

Se o professor souber como a criança se relaciona com os amiguinhos, como se sai na escola, quais são suas dificuldades e facilidades e como os pais lidam com tudo isso, terá dicas valiosas de como a criança tenderá a se relacionar com ele e os colegas. Se a criança tem uma dificuldade, mas os pais responsabilizam outras pessoas por isso, repetirão o mesmo padrão também em relação à escola, culpando o professor ou os coleguinhas por dificuldades de seus filhos.

QUINTA PARTE: ESPECIFICIDADES DE SAÚDE

Nesta etapa, o professor se concentra em aspectos relativos à saúde da criança, ou seja, se ela tem ou teve alguma doença, se é vacinada constantemente, se vai ao médico com freqüência, se alimenta-se bem, se é alérgica a algo, se já foi operada. Algumas crianças só recebem atenção dos pais quando ficam doentes, por isso podem achar que se fingir de doente é uma maneira de lidar com suas dificuldades.

SEXTA PARTE: DESENVOLVIMENTO

Aqui, o professor procura detectar se há alguma anormalidade no desenvolvimento motor ou emocional da criança.[1] Um dos aspectos mais importantes ligados ao desenvolvimento emocional é o uso de chupeta e mamadeira. Muitas mães não

---

[1] Para essas questões, aconselho a leitura do livro *Desenvolvimento e personalidade da criança*, de Conger e Mussen.

percebem que os filhos estão grandes o suficiente para não precisar mais desses recursos. A insistência em seu uso nos leva a pensar se a intenção dessa mãe não seria manter um bebê em casa, algo muito prejudicial à criança.

Saber como os pais treinaram a criança a usar o sanitário (penico) é uma maneira de perceber se eles exigem dela coisas para as quais já estão preparadas ou não. Se o treino foi feito antes dos dois anos, a criança tem pouquíssimas chances de responder favoravelmente a ele, porque ainda não tem o controle muscular desenvolvido a esse ponto. Nesse caso, a criança sente que não pode alcançar as expectativas dos pais, o que a marcará de alguma maneira.

Indagar sobre a gravidez da mãe é preponderante, pois nos mostra o quanto essa criança foi esperada. Se os pais casaram porque a mulher estava grávida, se pensaram que não poderiam ter filhos e este veio "do céu", se a mãe não queria de jeito nenhum, se passou bem ou mal durante a gestação são orientações que podem nos indicar sob que tipo de emoção essa criança foi concebida – emoção que, provavelmente, ainda existe na relação pais–criança.

Sétima parte: relacionamento familiar

Saber se a criança é adotada ou não, se houve algum acontecimento marcante na época de seu nascimento, se tem irmãos e como é o relacionamento dos pais pode esclarecer muitas coisas. Se os pais são separados e têm novos casamentos, essa situação despertará na criança fantasias de que será rejeitada e substituída. Um irmão desse novo casamento mobiliza o dobro das fantasias de rejeição: o risco se intensifica especialmente se o novo meio-irmão não mora com ela, porque sua imaginação pode dizer que seu pai a trata pior do que a esse novo ser. Além disso, a vida cotidiana confere um grau de intimidade muito maior do que aquele que têm pais e filhos que só se vêem aos fins de semana.

Mudanças de situação econômica também geram muitas inseguranças. Se os pais perdem/ganham dinheiro, pode ser que precisem/queiram mudar de casa ou trocar a escola dos filhos. Em um ambiente social diferente, a criança pode, durante algum tempo, não saber direito qual é o seu lugar.

Oitava parte: potencialidades

Ao longo da anamnese, já devem ter aparecido as causas da problemática da criança, as angústias pelas quais os pais passaram e os sentimentos de amor e impotência do filho diante dessa situação. Neste momento, portanto, precisaremos saber um pouco da independência dessa criança: a maneira como ela se comunica, se entende o que dizemos, se precisa de algum tipo de tradução, o que tem capacidade para compreender são questões que podem determinar se ela se comportará de maneira tranqüila ou agitada.

O professor deve se lembrar de que, muitas vezes, certas limitações dos filhos magoam bastante os pais, que podem querer apresentar essas limitações de modo a aumentá-las ou diminuí-las, para lidar com a dor que lhes causam.

Nona parte: limites

Não devemos nos esquecer de que a maneira como os pais lidam com seus filhos e com as frustrações destes pode ser responsável por muitos problemas. Se os pais, ao brigarem com o filho, o desmerecem ("Parece burro"), podem induzi-lo a comportamentos indesejáveis. Em minha prática, pude perceber que a grande maioria de crianças com problemas de "hiperatividade" estava sujeita a pressões grandes em casa ou na escola. Por exemplo, crianças que precisam se controlar o dia inteiro porque a mãe estava na casa de algum parente e temia incomodá-los. Uma coisa é exigir que a criança tenha educação e respeite os que vivem ao seu redor, outra é pedir que ele deixe de ser criança. Não gritar, pode pedir. Mas ficar imóvel o dia todo não dá. Pedir para ela não responder aos mais velhos pode. Deixar que os mais velhos desmoralizem os pequenos não pode.

Quando os pais são muito severos, os filhos ficam com medo de decepcioná-los e apanharem ou serem castigados. Com isso, acabam escondendo muitas coisas deles. Há também os castigos físicos, de moderados a brutais, que fazem que a criança fique desconfortável e não consiga parar quieta.

Referências bibliográficas

ABERASTURY, A. *A criança e seus jogos*. Porto Alegre: Artmed, 1992.

_____. "La existencia de la organización genital en el latente". *Revista Brasileira de Psicanálise*, São Paulo, v. 1, n. 1, p. 18-45, 1967.

ABRAHAM, K. *Teoria psicanalítica da libido*. Rio de Janeiro: Imago, 1970.

ABRAMOVICH, F. *O mito da infância feliz*. São Paulo: Summus, 1983. (Coleção Novas Buscas em Educação).

_____. *Sadismo da nossa infância*. São Paulo: Summus, 1981.

ALEXANDER, F. G. *Studies in psychosomatic medicine; an approach to the cause and treatment of vegetative disturbances*. Nova York: Ronald Press, 1948.

ALONSO-QUECUTY, M.; CAMPOS, L.; HERNÁNDEZ-FERNAUD, E. "Mentiras y mentirosos: el conocimiento de las claves de detección por jueces y legos". Simposio Psicología del Testimonio. s/d. Disponível em: <http://www.fedap.es/congreso_santiago/trabajos/alonso2.htm>. Acesso em jul. 2007.

ARATANGY, L. *Desafios da convivência*. São Paulo: Gente, 1998.

ARAÚJO, U. *Conto de escola – A vergonha como um regulador moral*, 2. ed. São Paulo: Moderna, 1999.

AUGRAS, M. *A dimensão simbólica – O simbolismo nos testes psicológicos*. 3. ed. Petrópolis: Vozes, 1998.

BADINTER, E. *O mito do amor materno*. Rio de Janeiro: Nova Fronteira, 1985.

BENSON, H. *Medicina humanista*. São Paulo: Brasiliense, 1980.

BETTELHEIM, B. *Diálogos com as mães*. Rio de Janeiro: Agir, 1977.

_____. *Uma vida para seu filho*. São Paulo: Campus, 1988.

Cardoso, O. *Angústia e medo na infância – Estudo de suas origens*. Rio de Janeiro: Conquista, 1969.

Catalán Bitrián, J. L. *Mentira y autoestima*. 11 maio 2005. Disponível em: <http://www.cop.es/colegiados/A-00512/mentira.html>. Acesso em jul. 2007.

Celma, J. *Diário de um educastrador*. São Paulo: Summus, 1979. (Coleção Novas Buscas em Educação).

Conger, J.; Mussen, P. *Desenvolvimento e personalidade da criança*. São Paulo: Harbra, 1995.

Dewald, P. *Psicoterapia – Uma abordagem dinâmica*. Porto Alegre: Artmed, 1990.

Díaz, E. *Las caras de la mentira*. s/d. Disponível em: <http://limalimon.terra.com.mx/articulos/252.htm>. Acesso em jul. 2007.

Dolto, F. *Psicanálise e pediatria*, 4. ed. Rio de Janeiro: LTC, 1988.

Fraiberg, S. *Os anos mágicos*. São Paulo: Brasiliense, 1980.

Freud, A. *O ego e os mecanismos de defesa*. Rio de Janeiro: Civilização Brasileira, 1982.

Freud, A.; Bergman, T. *A criança, a doença e o hospital*. Lisboa: Moraes Editores, 1978.

Freud, A.; Burlingham, D. *War and children*. Westport: Greenwood Press, 1973.

Freud, S. "Três ensaios de sexualidade". In: *Obras completas.* Rio de Janeiro: Imago, 1972.

Harkot-de-La-Taille, E. *Ensaio semiótico sobre a vergonha*. São Paulo: Humanitas, 1999.

Jersild, A. *Psicologia da criança*. Belo Horizonte: Itatiaia, 1981.

Howard, R.; Lewis, M. E. *Fenômenos psicossomáticos – Até que ponto as emoções podem afetar a saúde*. 5. ed. Rio de Janeiro: José Olympio, 1999.

KLEIN, M. "A técnica psicanalítica através do brincar: sua história e significado". In: *Inveja e gratidão e outros trabalhos: 1946-1963*. Rio de Janeiro: Imago, 1991.

_____. *Contribuição à psicanálise*. Rio de Janeiro: Imago, 1975.

_____. et al. *Os progressos da psicanálise*. Rio de Janeiro: LTC, 1982.

KLEIN, M.; RIVIÈRE, J. *Amor, ódio e reparação*. Rio de Janeiro: Imago, 1975a.

KLEIN, M.V.; FURTAK,T. E. *Novas tendências na psicanálise*. 2. ed. Rio de Janeiro: LTC, 1980.

KORCZAK, J. *Quando eu voltar a ser criança*. São Paulo: Summus, 1981.

KORNET, A. "The truth about lying". *Psychology Today*. Maio/jun. 1997. Disponível em: <http://www.psychologytoday.com/articles/index.php?term=pto-19970501-000033&page=4>. Acesso em jul. 2007.

LAPLANCHE, J.; PONTALIS, J. B. *Vocabulário de psicanálise*. São Paulo: Martins Fontes, 2001.

LA TAILLE,Y. *Limites — Três dimensões educacionais*. São Paulo: Ática, 1998.

_____. *Vergonha, a ferida moral*. 2000.Tese (livre-docência) — Instituto de Psicologia, Universidade de São Paulo.

LISBOA, M. "Por que as crianças e os adolescentes mentem?" *Correio Braziliense* (on-line), Brasília, 9 jun. 2002. Disponível em: <http://www2.correioweb.com.br/cw/EDICAO_20020609/col_rdp_090602.htm>. Acesso em: jul. 2007.

LORENZ, Konrad. *A agressão — Uma história natural do mal*. Lisboa: Relógio d'Água, 2001.

LOWEN, A. *O corpo em depressão*. 8. ed. São Paulo: Summus, 1983.

MAY, ROLLO. *O significado da ansiedade*. Rio de Janeiro: Zahar Editores, 1980.

MELLO FILHO, J. *Concepção psicossomática – Visão atual.* 9. ed. São Paulo: Casa do Psicólogo, 2002.

PICHON-RIVIERE, A. "Dentition, walking, and speech in relation to depressive position". *International Journal of Psychoanalysis*, London, 1958, n. 39, p. 167-71.

_____. "Transtornos emocionales en el niño vinculados com la dentición". *Revista de Odontologia*, v. 39, n. 8, p. 357-8, 1951.

PILLAR, A. D. *Desenho e construção de conhecimento na criança.* Porto Alegre: Artmed, 1984.

REVISTA CONSUMER EROSKI. "La mentira. Entre la necesidad y el fraude". n. 59, out, 2002. Disponível em: < http://revista.consumer.es/web/es/20021001/interiormente/>. Acesso em jul. 2007.

SANTOS, L. C. *A mentira – Uma breve compreensão.* s/d. Disponível em: <http://www.geocities.com/psicanaliseonline/mentira.htm>. Acesso em: jul. 2007.

SEGAL, H. *Introdução à obra de Melanie Klein.* Rio de Janeiro: Imago, 1975.

SPITZ, R. *O primeiro ano de vida.* São Paulo: Martins fontes, 1979.

THEOPHILO, R. "As crianças e a mentira". Disponível em: <http://www.psicologia.org.br/internacional/ap30.htm>. Acesso em jul. 2007.

THOMSON, O. *A assustadora história da maldade humana.* Rio de Janeiro: Prestígio Editorial, 2002.

VEJA. *A mentira infantil cai na real.* São Paulo, 2 maio 2001. Disponível em: <http://www.lincx.com.br/lincx/saude_a_z/saude_crianca/mentira.asp>. Acesso em: jul. 2007.

WINNICOTT, D. *A criança e o seu mundo*, 6. ed. Rio de Janeiro: LTC, 1982.

ZAGURY, T. *Educar sem culpa.* Rio de Janeiro: Record, 1993.

_____. *Limites sem traumas.* Rio de Janeiro: Record, 2000.

————————— dobre aqui —————————

CARTA-RESPOSTA
NÃO É NECESSÁRIO SELAR

O SELO SERÁ PAGO POR

C AVENIDA DUQUE DE CAXIAS
1214-999 São Paulo/SP

————————— dobre aqui —————————

COMO EDUCAR SEM USAR A VIOLÊNCIA

summus editorial
CADASTRO PARA MALA-DIRETA

Recorte ou reproduza esta ficha de cadastro, envie completamente preenchida por correio ou fax, e receba informações atualizadas sobre nossos livros.

Nome: _____ Empresa: _____
Endereço: ☐ Res. ☐ Coml. _____ Bairro: _____
CEP: _____ - _____ Cidade: _____ Estado: _____ Tel.: ( ) _____
Fax: ( ) _____ E-mail: _____
Profissão: _____ Professor? ☐ Sim ☐ Não Disciplina: _____ Data de nascimento: _____

1. Você compra livros:
☐ Livrarias ☐ Feiras
☐ Telefone ☐ Correios
☐ Internet ☐ Outros. Especificar: _____

2. Onde você comprou este livro? _____

3. Você busca informações para adquirir livros:
☐ Jornais ☐ Amigos
☐ Revistas ☐ Internet
☐ Professores ☐ Outros. Especificar: _____

4. Áreas de interesse:
☐ Educação ☐ Administração, RH
☐ Psicologia ☐ Comunicação
☐ Corpo, Movimento, Saúde ☐ Literatura, Poesia, Ensaios
☐ Comportamento ☐ Viagens, Hobby, Lazer
☐ PNL (Programação Neurolingüística)

5. Nestas áreas, alguma sugestão para novos títulos? _____

6. Gostaria de receber o catálogo da editora? ☐ Sim ☐ Não

7. Gostaria de receber o Informativo Summus? ☐ Sim ☐ Não

Indique um amigo que gostaria de receber a nossa mala-direta

Nome: _____ Empresa: _____
Endereço: ☐ Res. ☐ Coml. _____ Bairro: _____
CEP: _____ - _____ Cidade: _____ Estado: _____ Tel.: ( ) _____
Fax: ( ) _____ E-mail: _____
Profissão: _____ Professor? ☐ Sim ☐ Não Disciplina: _____

summus editorial
Rua Itapicuru, 613 – 7º andar   05006-000   São Paulo - SP   Brasil   Tel.: (11) 3872 3322   Fax: (11) 3872 7476
Internet: http://www.summus.com.br   e-mail: summus@summus.com.br

cole aqui